westermann

W0195060

TEAM
LUPE
ERMITTELT

Hamster in Not

Detektivausweis: LUPE

Lulu

Typisch ich: Juchuuuuu – Judo!
Bücherratte

Detektivausweis: LUPE

Umut

Typisch ich: immer Musik im Ohr
Computer-Checker

Detektivausweis: LUPE

Paul

Typisch ich: Tischtennis-Champ
Herrchen von Murmel

Detektivausweis: LUPE

Elsa

Typisch ich: Tiere, Tiere, Tiere
Quasseltante (manchmal)

4

Erarbeitet von
Sabine Willmeroth, Königswinter

Sprache untersuchen
FÖRDERN

INHALT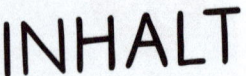

Kapitel geschafft? Dann hake es in diesen Feldern ab.

🚨 Unser Fall: Hamster in Not

Elsa sitzt mit Uno im Wartezimmer des Tierarztes. Draußen scheint
die Sonne und durch das offene Fenster hört man Vogelgezwitscher.
Uno wedelt mit dem Schwanz und stubst Elsa an.
Einmal im Jahr schaut der Arzt, ob alles in Ordnung ist. Lulu, Umut
und Paul sind heute auch dabei. Murmel ist zu Hause geblieben.
„Der Nächste, bitte", sagt Dr. Grün. Uno rennt begeistert zum Tierarzt.
Er mag ihn sehr. Der Tierarzt hört Unos Herz ab, untersucht Augen,
Ohren und Zähne und kürzt die Krallen. „Alles prima!", sagt er.
Elsa nimmt Uno erleichtert auf den Arm und die Freunde sagen Tschüss.
Im Flur vor der Praxis steht ein Hamsterkäfig.
Die Kinder sehen sich um, aber vom Besitzer fehlt jede Spur.
Der Goldhamster muss dauernd niesen.
Umut grinst begeistert: „Leute, ein neuer Fall für TEAM LUPE!"

Wo kommt
der denn her?

„Ein neuer Fall für TEAM LUPE!"
Finde die Hinweise und löse mit den Detektiven
den Fall um den Hamster in Not.

das Buch, ein Buch (Artikel)

das Buch, die Bücher (Mehrzahl)

das dicke Buch (Schiebewort)

Nomen erkennt man an ihren **Merkmalen**.

Ein Buch ist ein Ding. Die Mehrzahl heißt die Bücher.

Das Buch hat einen bestimmten und einen unbestimmten Artikel: das Buch, ein Buch.

Die **Schiebewortprobe** hilft: das dicke Buch.

 **1** Überprüfe die Merkmale der Nomen. Schreibe.

Artikel: der, die, das ein, eine	Einzahl: der, die, das Mehrzahl: die	Schiebewortprobe: (klein oder groß)
das Handtuch ein Handtuch	das Handtuch die Handtücher	das kleine Handtuch
der Koffer ___ Koffer		der ___ Koffer
___ Lupe ___ Lupe		
___ Kind ___ Kind		
___ Auto ___ Auto		
___ Junge ___ Junge		
___ Ampel ___ Ampel		

› Merkmale von Nomen kennen und anwenden
› grammatisches Wissen für die Rechtschreibung nutzen
› Leistungen von Wortarten untersuchen

Um sie zu erkennen hilft
die **Schiebewortprobe**.

Stimmt!
Der leichte Regen
gefällt Murmel.

der Regen, ein Regen (Artikel)

der Regen, ? (Mehrzahl)

der leichte Regen (Schiebewort)

Auf einige Nomen treffen
nicht alle Merkmale zu.

Der Regen ist kein Ding,
kein Tier, kein Mensch oder Pflanze.
Ich kann keine **Mehrzahl** bilden.

1 Überprüfe die Nomen mit der Schiebewortprobe. Schreibe.

Artikel: der, die, das ein, eine	Schiebewortprobe: (leicht, groß oder klein)
der Regen	der leichte Regen
die Wut	die große
Schnee	
Pizza	
Butter	

ACHTUNG **ACHTUNG** **ACHTUNG**

so gehen wir vor:

Wenn ich vor einem Wort ein **Schiebewort** einfügen kann,
dann ist es ein **Nomen** und ich muss es **großschreiben**.

› Merkmale von Nomen kennen und anwenden
› grammatisches Wissen für die Rechtschreibung nutzen
› Leistungen von Wortarten untersuchen

Pronomen kennenlernen

Das sind Pronomen.
Sie ersetzen ein Satzglied:
die Ampel – sie

ich
du
er/sie/es
wir
ihr
sie

1 Verbinde die Sätze.
Markiere die Pronomen.

Die Ampel zeigt rot.   ○   ○ Wir bleiben stehen.

Ein Auto fährt schnell. ○   ○ Er steigt ein.

Lisa und ich bleiben stehen. ○   ○ Sie steigen aus.

Der Taxifahrer steigt ein. ○   ○ Sie zeigt rot.

Die Kinder steigen aus. ○   ○ Es fährt schnell.

2 Setze die Pronomen ein: **Sie Er Sie Es Sie Wir**

Die Hauptstraße ist gesperrt. Sie bekommt neue Markierungen.

Auch der Zebrastreifen wird erneuert. _____ ist fast fertig.

Die Autofahrer folgen der Umleitung. _____ fahren

durch ein Wohngebiet. Dort gilt

für alle Fahrzeuge Tempo 30. _____ kommen

nur langsam voran. Lisa und ich

notieren die Kennzeichen. _____ schreiben alles auf.

ACHTUNG   ACHTUNG   ACHTUNG

Das haben wir herausgefunden!

Es gibt Wörter, die ein Satzglied ersetzen können.
Diese Wörter heißen **Pronomen**.

Der Mann
ist groß.
Er ist groß.

Paul und ich
lesen gern.
Wir lesen gern.

Lulu und Elsa
sind Freundinnen.
Sie sind Freundinnen.

› sprachliche Operationen kennen und nutzen: Ersetzen
› Leistungen von Wortarten untersuchen
› grundlegende sprachliche Begriffe kennen: Pronomen

Der Bus kommt.
Er kommt.

Die Straße
ist frei.
Sie ist frei.

Das Auto
hält.
Es hält.

Der Artikel der zeigt
das männliche Nomen an.
Das Pronomen dazu
heißt er.

Der Artikel die zeigt
das weibliche Nomen an.
Das Pronomen dazu
heißt sie.

Der Artikel das zeigt
das sächliche Nomen an.
Das Pronomen dazu
heißt es.

1 Male an: männliche Nomen blau, weibliche Nomen rot,
sächliche Nomen grün.

der Fußgänger	das Taxi	die Bahn	der Kinderwagen
die Ampel	das Schild	die Kreuzung	das Motorrad
der Bus	das Fahrrad	der Helm	die Straße
der Bordstein	die Hupe	das Tempo	

2 Schreibe die Nomen geordnet auf.

männlich

weiblich

sächlich

der Fußgänger

die

das

› Merkmale von Nomen kennenlernen: Geschlecht
› sprachliche Operationen kennen und nutzen: Ersetzen
› grundlegende sprachliche Begriffe kennen: Geschlecht

7

 **1** Lies. Setze ein passendes Nomen ein.

Die Pronomen helfen dir dabei!

Er/Sie/Es

> Das Schild   Die Bahn   Der Bordstein
> Das Taxi   Der Helm   Die Kreuzung

Das Schild steht am Straßenrand. Es zeigt das erlaubte Tempo.

_____ ist gefährlich. Sie hat keine Ampeln.

_____ trennt die Straße vom Gehweg.

Er schützt die Fußgänger.

_____ steht am Bahnhof. Es wartet auf Kunden.

_____ fährt auf Schienen. Sie quietscht in der Kurve.

_____ ist auf dem Kopf. Er schützt den Fahrradfahrer.

 **2** Ergänze die Artikel und die Pronomen.

> Der   Er   Die   Sie   Das   Es

_____ Straße hat Risse. _____ muss erneuert werden.

_____ Zebrastreifen ist wichtig. _____ hilft beim Überqueren.

_____ Lastenfahrrad ist lang. _____ transportiert Waren.

ACHTUNG   ACHTUNG   ACHTUNG

Das haben wir herausgefunden!

Nomen sind **männlich**, **weiblich** oder **sächlich**.
Das erkennt man am bestimmten Artikel in der Einzahl.
Der Baum ist groß. → männlich, also: Er ist groß.
Die Tasche ist groß. → weiblich, also: Sie ist groß.
Das Auto ist groß. → sächlich, also: Es ist groß.

8 › Merkmale von Nomen kennenlernen: Geschlecht
› sprachliche Operationen kennen und nutzen: Ersetzen
› grundlegende sprachliche Begriffe kennen: Geschlecht

Nomen können im Satz unterschiedlich verwendet werden. Die vier Möglichkeiten heißen **Fälle**. Der Detektiv: Das Nomen ist männlich.

- Nominativ-Fall: **Der** Detektiv ist klug.
- Akkusativ-Fall: Ich sehe **den** Detektiv.
- Dativ-Fall: Ich begegne **dem** Detektiv.
- Genitiv-Fall: Die Freude **des** Detektivs ist groß.

Mit den Beispielsätzen mache ich die **Fallprobe**.

1 Trage ein: Der Forscher, den Forscher, dem Forscher, des Forschers

Nominativ-Fall: _____ ist klug.

Akkusativ-Fall: Ich sehe _____.

Dativ-Fall: Ich begegne _____.

Genitiv-Fall: Die Freude _____ ist groß.

2 Trage ein: Der Mann, den Mann, dem Mann, des Mannes

Nominativ-Fall: _____ ist klug.

Akkusativ-Fall: Ich sehe _____.

Dativ-Fall: Ich begegne _____.

Genitiv-Fall: Die Freude _____ ist groß.

› Merkmale von Nomen kennenlernen: Fall
› sprachliche Operationen kennen und nutzen: Einsetzen
› grundlegende sprachliche Begriffe kennen: Fall

Nomen kennen: Fälle

Die Zeugin.
Das Nomen ist weiblich.

- Nominativ-Fall: **Die Zeugin** ist klug.
- Akkusativ-Fall: Ich sehe **die Zeugin**.
- Dativ-Fall: Ich begegne **der Zeugin**.
- Genitiv-Fall: Die Freude **der Zeugin** ist groß.

 **1** Trage ein: Die Frau, die Frau, der Frau, der Frau

Nominativ-Fall: _____ ist klug.

Akkusativ-Fall: Ich sehe _____.

Dativ-Fall: Ich begegne _____.

Genitiv-Fall: Die Freude _____ ist groß.

 **2** Trage ein: Die Pilotin, die Pilotin, der Pilotin, der Pilotin

Nominativ-Fall: _____ ist klug.

Akkusativ-Fall: Ich sehe _____.

Dativ-Fall: Ich begegne _____.

Genitiv-Fall: Die Freude _____ ist groß.

› Merkmale von Nomen kennenlernen: Fall
› sprachliche Operationen kennen und nutzen: Einsetzen
› grundlegende sprachliche Begriffe kennen: Fall

Das Kind.
Das Nomen ist sächlich.

- Nominativ-Fall: **Das** Kind ist klug.
- Akkusativ-Fall: Ich sehe **das** Kind.
- Dativ-Fall: Ich begegne **dem** Kind.
- Genitiv-Fall: Die Freude **des** Kindes ist groß.

1 Trage ein: Das Baby, das Baby, dem Baby, des Babys

Nominativ-Fall: _____ ist klug.

Akkusativ-Fall: Ich sehe _____.

Dativ-Fall: Ich begegne _____.

Genitiv-Fall: Die Freude _____ ist groß.

Die Fälle gibt es auch
bei Nomen in der **Mehrzahl**:
die Kinder.

2 Trage ein: Die Kinder, die Kinder, den Kindern, der Kinder

Nominativ-Fall: _____ sind klug.

Akkusativ-Fall: Ich sehe _____.

Dativ-Fall: Ich begegne _____.

Genitiv-Fall: Die Freude _____ ist groß.

› Merkmale von Nomen kennenlernen: Fall
› sprachliche Operationen kennen und nutzen: Einsetzen
› grundlegende sprachliche Begriffe kennen: Fall

Detektivwissen überprüfen

 **1** Überprüfe die Merkmale der Nomen. Schreibe.

Artikel: der, die, das ein, eine	Einzahl: der, die, das Mehrzahl: die	Schiebewortprobe: (klein oder groß)
Ring Ring		
Milch Milch		

 **2** Male an:
männliche Nomen blau,
weibliche Nomen rot,
sächliche Nomen grün.

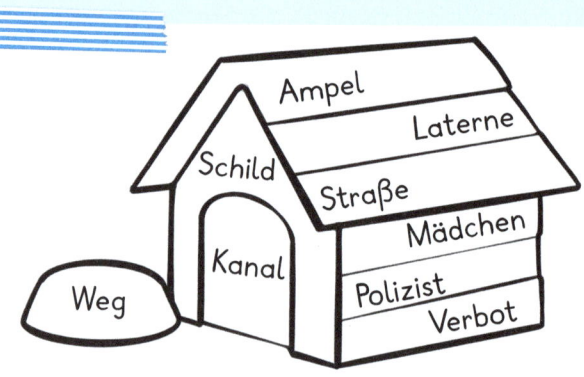

 **3** Trage die Pronomen ein: **Er, Sie, Es**

Oma backt Kuchen. _____ ist eine gute Bäckerin.

Der Mann arbeitet im Büro. _____ ist sehr beschäftigt.

Das Baby schreit. _____ hat Hunger.

 **4** Trage die Artikel ein:

_____ Hund bellt. Ich sehe _____ Hund.

Ich begegne _____ Hund. Die Freude _____ Tieres ist groß.

› Merkmale von Nomen kennen: Geschlecht, Fall
› Pronomen kennen
› den eigenen Lernstand einschätzen

 Spurensicherung: Der 1. Hinweis!

TEAM LUPE bringt den kranken Hamster in die Tierarztpraxis.
Dr. Grün untersucht ihn, gibt ihm Medizin und möchte ihn
über Nacht dabehalten. Die Kinder versprechen:
„Wir kommen morgen wieder!" Am nächsten Tag
geht es dem Hamster viel besser, aber vom Besitzer
fehlt noch immer jede Spur. Paul fragt:
„Dürfen wir den Hamster erst mal mitnehmen?
Wir sind Detektive, wir finden heraus, wem er gehört!"
Der Tierarzt kennt Elsas Familie gut und ist einverstanden.
Weil sie ganz in der Nähe wohnt, tragen sie den Hamster
in seinem kleinen Käfig zu Elsa nach Hause. Dort füttern sie ihn
mit Löwenzahn aus dem Garten. Lulu füllt die Einstreu aus dem
Transportkäfig in einen größeren, den Elsas Mutter ihnen gegeben hat.
Plötzlich ruft Lulu: „Da ist ein bedrucktes Papier am Boden des Käfigs!"

Was ist denn das?

? Auf dem Papier wurde ein Wort rot eingekreist. Welches?
Sammle die Buchstaben im Apfelbaum.

☐ Hausplan

☐ Hausordnung

1a

R

1b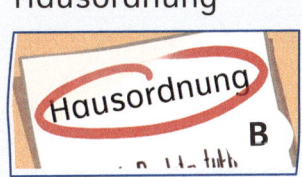

B

Adjektive kennen: Vergleichsformen

1 Markiere die Formen des Adjektivs **groß** in den Sprechblasen.

Meine Seifenblase ist <mark>größer</mark>.

Unsere Seifenblasen sind gleich <mark>groß</mark>.

Meine Seifenblase ist <mark>am größten</mark>.

ACHTUNG **ACHTUNG** **ACHTUNG**

> Das haben wir herausgefunden!

Mit Adjektiven kann man vergleichen, sie haben **Vergleichsformen**:

Uno ist **groß**. Murmel ist **größer**.
Der Elefant ist **am größten**.

2 Trage die Formen ein.

lang,   länger,   am längsten,   klein,   kleiner,   am kleinsten

Grundform	1. Vergleichsform	2. Vergleichsform
groß	größer	am größten

3 Schreibe die Vergleiche.

Eine Flasche ist __größer__ als die andere.

Die Limonade in der kleinen Flasche schmeckt aber

_____ gut _____ die Limonade

in der großen Flasche.

größer als
genauso gut wie

› Merkmale von Adjektiven kennen
› Wissen über Wortarten anwenden
› grundlegende sprachliche Begriffe kennen: Adjektiv

Adjektive zusammensetzen

Ich bin dreckig.

Nein, du bist **sau**dreckig!

ACHTUNG **ACHTUNG** **ACHTUNG**

Das haben wir herausgefunden!

Adjektive kann man mit einem Nomen zusammensetzen.

leicht wie eine Feder → federleicht

1 Markiere den Nomen-Teil.

federleicht rabenschwarz feuerrot steinhart tonnenschwer eiskalt

2 Schreibe die Adjektive auf. Markiere.

Zusammengesetzte Adjektive werden klein geschrieben.

glatt wie ein Aal → aalglatt

dumm wie Stroh → _____

hoch wie ein Haus → _____

weich wie Watte → _____

gelb wie Mais → _____

schnell wie ein Blitz → _____

blau wie der Himmel → _____

hell wie der Tag → _____

alt wie ein Stein → _____

groß wie Riesen → _____

› Merkmale von Adjektiven kennen
› Wissen über Wortarten anwenden
› grundlegende sprachliche Begriffe kennen: Adjektiv

Aufzählungen kennenlernen: Doppelpunkt, Komma

Das haben wir herausgefunden!

Wörter oder Wortgruppen kann man **übersichtlich ordnen** und **aufzählen**. Man nennt zuerst das Oberthema und setzt einen **Doppelpunkt**. Die **Wörter oder Wortgruppen** trennt man mit einem **Komma**.

Meine Lieblings-Bücher: Sachbücher, spannende Krimis, lustige Comics, Mangas

ACHTUNG ACHTUNG ACHTUNG

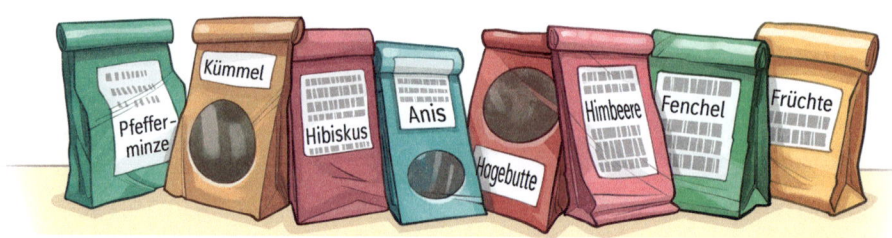

 **1** Schreibe die Teesorten auf. Trenne mit Komma.

 Teesorten: Pfefferminze, Hibiskus, _____

_____

Ein Kalender kann dir helfen.

 **2** Schreibe Aufzählungen. Trenne mit Komma.

Wochentage: Montag, _____

_____

Monate: Januar, _____

_____

› grundlegende sprachliche Begriffe kennen: Aufzählung, Komma
› Zeichensetzung beachten

Ich mag Eis und Pommes und leckeren Kuchen und Salat.

Ich mag Eis, Pommes, leckeren Kuchen und Salat.

Immer und hört sich blöd an. Das kann man doch auch kürzer schreiben. Mit Komma!

 **1** Lies. Schreibe mit Komma.

 Ich kaufe heute Tomaten und Brot und Milch und Tee und Pizza.

Ich kaufe heute Tomaten, _____

_____

Ich esse Eis oder Pommes oder leckeren Kuchen oder Salat.

Ich esse Eis, Pommes, leckeren Kuchen oder Salat.

Immer oder - wie langweilig. Ich schreibe das mit Komma!

 **2** Lies. Schreibe mit Komma.

 Ich esse Schokolade oder Eis oder Kekse oder Weingummi.

 Ich esse _____

_____

ACHTUNG **ACHTUNG** **ACHTUNG**

Das haben wir herausgefunden!

Wenn man in einem **Satz** etwas aufzählt, setzt man zwischen den Wörtern oder Wortgruppen ein Komma. Das letzte Wort oder die letzte Wortgruppe verbindet man mit **und** oder **oder**. Davor setzt man **kein** Komma.

Ich mag Eis, Salat, leckeren Kuchen und Äpfel.

› grundlegende sprachliche Begriffe kennen:
› Aufzählung, Komma
› Zeichensetzung beachten

Aufzählungen kennenlernen: Sätze, Komma

weiße Sneaker
einen Schal
einen Gutschein für ein Buch
eine Geburtstagstorte
ein Reisespiel
eine Handyhülle

einen Fußball
Fußballschuhe
ein Torwart-Trikot
eine Trinkflasche aus Metall
Comics
ein Sammelalbum mit Bildern

 **1** Schreibe zu den Wunschzetteln eine Aufzählung.
Schreibe mit Komma. Verbinde am Ende mit **und**.

Zum Geburtstag wünscht sich Max weiße Sneaker, einen Schal,
_____
_____

Zum Geburtstag wünscht sich Lilli einen Fußball,
_____
_____

 **2** Schreibe deinen Wunschzettel.

Ich wünsche mir _____
_____
_____
_____
_____

› grundlegende sprachliche Begriffe kennen:
› Aufzählung, Komma
› Zeichensetzung beachten

Papa hat Gemüse geerntet. Er kocht Gemüsesuppe.

Papa hat Gemüse geerntet, **deshalb** kocht er Gemüsesuppe.

Wenn man Sätze verbinden will, braucht man ein **Bindewort** und ein **Komma**.

Bindewörter heißen **Konjunktionen**.

Manchmal gibt es mehrere Möglichkeiten.

Konjunktionen

sondern aber
damit weil
  deswegen
sodass bevor
nachdem denn

1 Markiere die Bindewörter und das Komma.

Die Grundschule betreut eine Streuobstwiese**, darum** dürfen die Kinder Obst ernten. Dieses Jahr gibt es besonders viele Äpfel, deshalb feiert die Schule ein Apfelfest. Die Rektorin hat eine Apfelpresse besorgt, sodass die Klasse 4a Apfelsaft herstellen kann. Die Klasse 3b macht Fruchtspieße, nachdem sie Äpfel, Birnen und Pflaumen klein geschnitten hat. Frau Niemann kocht Apfelmus, damit kein Apfel schlecht wird. Die Kinder essen Apfelwaffeln, aber mehr als zwei Stück schafft keiner. In einem Workshop lernt man Apfelringe zu trocken, denn auch so kann man Äpfel haltbar machen.

2 Lies. Verbinde die Sätze mit dem Bindewort.

Denke an das Komma!

Tipp: Es gibt mehrere Möglichkeiten.

denn	weil	deswegen	nachdem
damit	sodass	sondern	bevor

Elsa und Lulu wollen die Jungs überraschen.
Sie backen Apfelringe in Pfannkuchenteig.

<u>Elsa und Lulu wollen Umut und Paul überraschen</u>, deshalb _____

_____

Elsa schneidet die Äpfel in Ringe. Sie hat das Kerngehäuse entfernt.

_____

_____

Lulu hat Pfannkuchenteig vorbereitet. Sie wollen gleich loslegen.

_____

_____

Elsa taucht die Apfelringe in den Teig. Lulu backt sie mit Butter.

_____

_____

Es riecht herrlich. Paul und Umut folgen dem Duft in die Küche.

_____

_____

ACHTUNG **ACHTUNG** **ACHTUNG**

Das haben wir herausgefunden!

Sätze kann man mit einer **Konjunktion** (Bindewort) verbinden. **Zwischen den Sätzen** steht ein **Komma**.

Alle Kinder sind glücklich und zufrieden**,**
weil es ein gelungenes Fest war.

› grundlegende sprachliche Begriffe kennen:
› Nebensatz, Komma, Konjunktion
› Zeichensetzung beachten

Sätze verbinden: Konjunktion dass

1 Lies.

ACHTUNG **ACHTUNG** **ACHTUNG**

Das haben wir herausgefunden!

Mit manchen Verben kann man eine **Wahrnehmung**, ein **Gefühl**, einen **Gedanken**, einen **Willen** oder sein **Wissen** ausdrücken. Diese Verben kann man mit der Konjunktion **dass** verbinden.:

Ich glaube, dass ...   Ich sehe, dass ...

---

2  Markiere die Verben vor der Konjunktion **dass**.

Umut <mark>befürchtet</mark>, <u>dass</u> er die Deutscharbeit vergeigt hat.

Lulu meint, <u>dass</u> es gar nicht so schwierig war.

Elsa weiß, <u>dass</u> es auch Punkte für die Rechtschreibung gibt.

Paul hofft, <u>dass</u> Umut es doch geschafft hat.

3 Schreibe **dass**.

Dass ist eine Konjunktion.
Achte auf die Schreibweise.

Ich denke, _____ es heute regnen wird.

Ich vermute, _____ ich meinen Schirm vergessen habe.

› grundlegende sprachliche Begriffe kennen:
› Nebensatz, Komma, Konjunktion
› Zeichensetzung beachten

Detektivwissen überprüfen

1 Trage die fehlenden Formen in die Tabelle ein.

Grundform	1. Vergleichsform	2. Vergleichsform
	länger	am
klein		am
		am größten

2 Schreibe die Adjektive auf.

schnell wie ein Blitz → _____

blau wie der Himmel → _____

hell wie der Tag → _____

3 Schreibe Kommas.

Ich trinke Tee   Saft   Milch   Limonade oder Wasser.

4 Verbinde die Sätze mit dem Bindewort.

Umut steht auf. Der Wecker schellt. (denn)

_____

Umut ist noch müde. Er muss zur Schule. (aber)

_____

› Adjektive kennen
› Zeichensetzung bei Aufzählung und Konjunktionen beachten
› den eigenen Lernstand einschätzen

Spurensicherung: Der 2. Hinweis!

Vorsichtig zieht Lulu das Papier aus der Einstreu.
Den Hamster stört das nicht, er ist in seinem Nest
eingeschlafen. Elsa bedeckt den Käfig mit einem Tuch.
Sie kennt sich mit Hamstern aus und erklärt:
„Die schlafen tagsüber viel und werden erst abends
wieder aktiv." Lulu liest vor, was auf dem Papier steht:
„Hausordnung: Das Halten von Haustieren ist
in diesem Mietshaus nicht erlaubt."
Die Detektive kombinieren: Musste der Hamster deshalb
verschwinden? Wurde er aus diesem Grund vor
der Tierarztpraxis ausgesetzt? Es steht noch viel mehr
auf dem Papier, was die Bewohner alles beachten sollen.
Paul sagt aufgeregt: „Und hier ist die Adresse des Mietshauses!"

? Nach welchem Tier ist die Straße benannt?
Finde alle Tiere. Nur ein großes Tier ist dabei. Welches?

B	Y	N	R	P	S	K	C	I	F	H	G
G	O	K	A	N	I	N	C	H	E	N	O
J	Ä	S	T	A	H	B	Y	Z	G	V	L
O	M	N	T	M	A	U	S	B	F	F	D
K	Ü	P	E	Ö	S	D	E	I	R	U	F
N	C	L	Ö	W	E	K	C	E	J	Ä	I
U	K	Ä	F	E	R	X	Q	N	I	Ä	S	S	Q	X
M	E	E	R	S	C	H	W	E	I	N	C	H	E	N
U	P	H	G	A	K	D	Ü	R	G	T	H	T	E	H

☐ Elefant
2a

o

☐ Löwe
2b

i

Wortstamm und Wortfamilien kennen

Les/les

lesen

Leser

Woran erkennt man eine Wortfamilie?

Wortfamilien haben einen gemeinsamen Wortstamm.

1 Markiere die 10 Wörter der Wortfamilie **Les/les**.

lesen   die Leserin   der Nachbar   vorlesen   ich lese

nächtlich   die Nacht   lesbar   unleserlich   der Nachtbus

nachlesen   du liest   nachts   mitlesen   das Lesebuch

2 Markiere in den Wörtern den Wortstamm **Les/les**.

lesen   die Leserin   vorlesen   das Lesebuch   lesbar

unleserlich   du liest   nachlesen   mitlesen   ich lese

Der Wortstamm kann sich auch ändern **lies**.

3 Markiere alle Wörter mit dem Wortstamm **Mach/mach**.

Lulu will heute Tanzschritte vormachen.

Die anderen sollen dann die Schritte nachmachen.

Auch Erstklässler wollen mitmachen.

Lulu macht gleich eine neue Tanzprobe mit allen ab.

Die Kinder werden schnell Fortschritte machen.

Das Tanzen macht allen Spaß.

› Möglichkeiten der Wortbildung kennen
› Wörter strukturieren
› mit Sprache experimentell und spielerisch umgehen

4 Ein Wort passt nicht. Streiche es durch.

der Liebling beliebt das Lieblingstier ~~der Liegestuhl~~ | Lieb/lieb |

_____

der Zaunkönig einzäunen zerzaust umzäunt | Zaun/zaun |

_____

der Leuchter leuchten die Leute die Beleuchtung | Leucht/leucht |

_____

lehren die Lehrerin verlernen gelehrt | Lehr/lehr |

_____

5 Markiere in den Wörtern den Wortstamm.

6 Markiere den Wortstamm. Schreibe ihn auf.

lustig die Lust lustlos unlustig | Lust/lust |

die Dachziegel das Dach die Dachpappe bedacht | |

das Gerede reden die Rednerin die Anrede | |

trinken abtrinken die Trinkflasche trinkbar | |

vorlesen das Lesebuch unlesbar leserlich | |

› Möglichkeiten der Wortbildung kennen
› Wörter strukturieren
› mit Sprache experimentell und spielerisch umgehen

Wortfamilien bilden

1 Markiere den Wortstamm.

Wir haben viele Wörter
der Wortfamilie Lauf/lauf
gefunden.

das Laufrad   er läuft   der Ablauf   sie lief   er ist gelaufen

mitlaufen   verlaufen   mitgelaufen   vorlaufen   der Lauftreff

der Laufstall   ihr lauft   wir liefen   die Laufbahn   ich laufe

Ich sammele
**zusammengesetzte
Nomen.**

Ich sammele **Zeitformen**
von **laufen.**

Ich habe einen
oder mehrere **Wortbausteine.**
Aber keine Nomen.

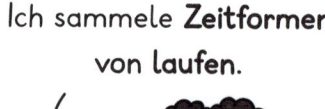

das Laufrad

er läuft

mitlaufen

2 Schreibe die Wörter auf das richtige Schild.

› Möglichkeiten der Wortbildung kennen
› Wörter strukturieren
› mit Sprache experimentell und spielerisch umgehen

3 Markiere den Wortstamm.

der [Schneid]ezahn   schneiden   abschneiden   das Schneidebrett

wegschneiden   durchschneiden   du schneidest   er schnitt

abgeschnitten   sie schnitten   verschneiden   der Schneiderberuf

der Schneidermeister   der Schneidergeselle   die Schneiderschere

4 Sortiere die Wörter.

der Schneidezahn,
das Schneidebrett

schneiden,
du schneidest

abschneiden,
wegschneiden

zusammengesetzte Nomen   **Zeitformen der Verben**   **Wortbausteine**

der [Schneid]ezahn   [schneid]en   ab[schneid]en

› Möglichkeiten der Wortbildung kennen
› Wörter strukturieren
› mit Sprache experimentell und spielerisch umgehen

27

Nachgestellte Wortbausteine verwenden: -nis, -schaft, -tum

Das sind alles Nomen mit Wortbausteinen.

Geheim**nis**

Mann**schaft**

Wach**stum**

Das sind die Wortbausteine für Nomen.

-nis

-schaft

-tum

1 Markiere die Wortbausteine am Ende.

das Geheim**nis**   die Mannschaft   das Wachstum

ACHTUNG   ACHTUNG   ACHTUNG

Das haben wir herausgefunden!

Wörter mit den nachgestellten Wortbausteinen **-nis**, **-schaft**, **-tum** sind **Nomen** und werden großgeschrieben:

das Geheimnis, die Landschaft, der Reichtum

2 Male an, was zusammengehört.

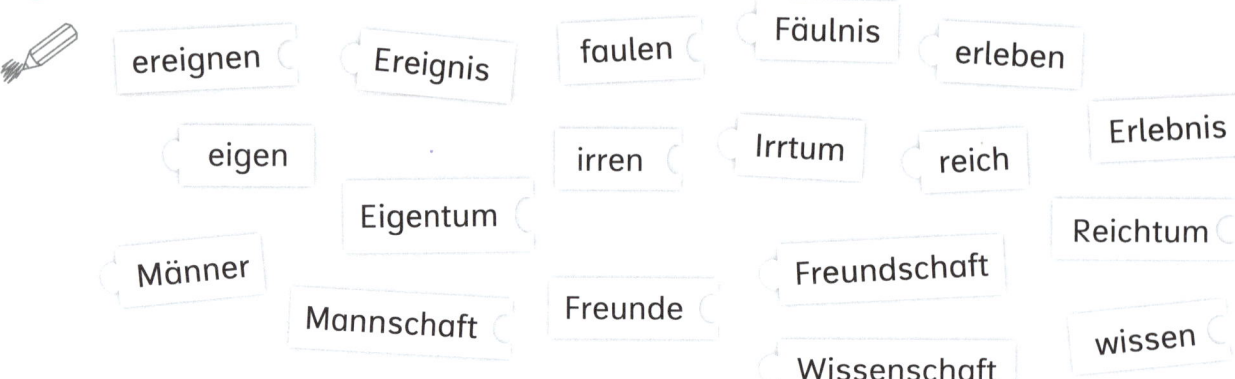

ereignen   Ereignis   faulen   Fäulnis   erleben

eigen   irren   Irrtum   reich   Erlebnis

Eigentum   Reichtum

Männer   Freundschaft

Mannschaft   Freunde   wissen

Wissenschaft

3 Kreise die Wortbausteine **-nis**, **-schaft**, **-tum** am Ende ein.

› Möglichkeiten der Wortbildung kennen
› Wörter strukturieren
› mit Sprache experimentell und spielerisch umgehen

 **4** Verbinde.

Etwas, das man wagt. ○   ○ das Ereig<mark>nis</mark>

Etwas, das sich ereignet. ○   ○ das Verständnis

Etwas, das ich verstehe. ○   ○ das Wagnis

Etwas, das mich hindert. ○   ○ die Erkenntnis

Etwas, das ich erkenne. ○   ○ das Hindernis

 **5** Markiere die Wortbausteine am Ende.

 **6** Sortiere die Wörter.

~~die Botschaft~~   das Rittertum   die Landschaft   das Geheimnis

die Eigenschaft   das Herzogtum   das Zeugnis   die Erbschaft

der Irrtum   die Finsternis   das Verhältnis   der Reichtum

nis	**schaft**	**tum**
_____	die Bot<mark>schaft</mark>	_____
_____	_____	_____
_____	_____	_____
_____	_____	_____

 **7** Markiere die Wortbausteine am Ende.

› Möglichkeiten der Wortbildung kennen
› Wörter strukturieren
› mit Sprache experimentell und spielerisch umgehen

29

Nachgestellte Wortbausteine verwenden: -isch, -haft, -bar, -sam, -los, -vol

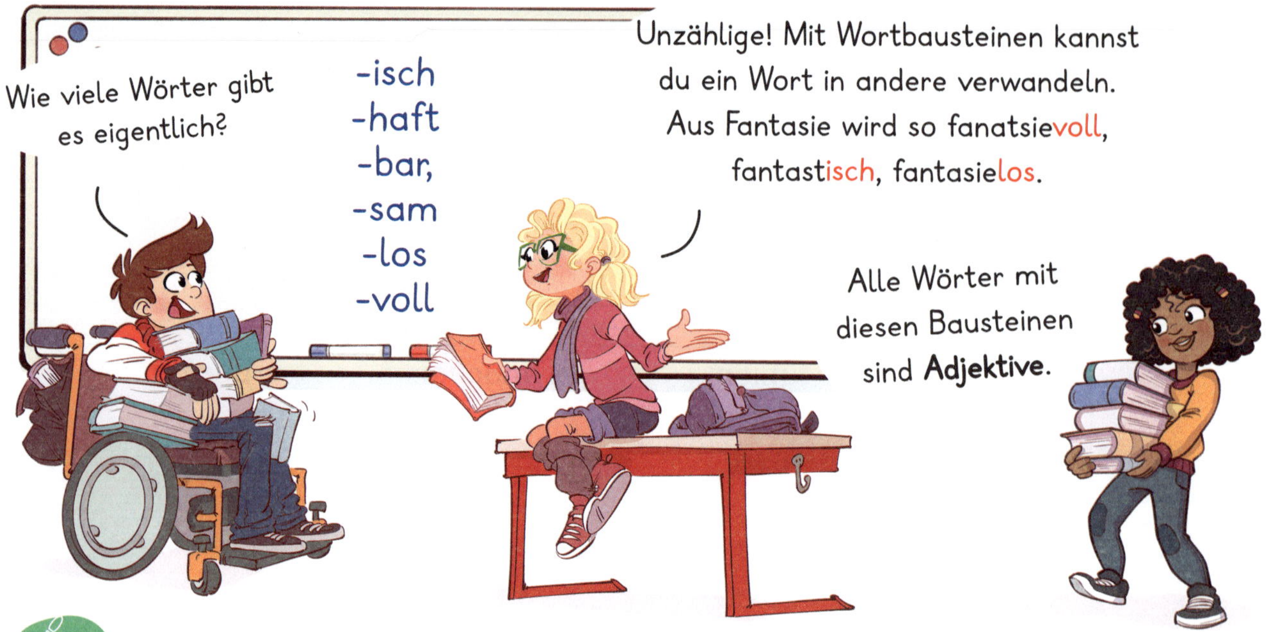
Wie viele Wörter gibt es eigentlich?
-isch
-haft
-bar,
-sam
-los
-voll
Unzählige! Mit Wortbausteinen kannst du ein Wort in andere verwandeln. Aus Fantasie wird so fanatsievoll, fantastisch, fantasielos.
Alle Wörter mit diesen Bausteinen sind **Adjektive**.

1 Markiere die Wortbausteine am Ende.

essbar   seltsam   sinnvoll   kindisch   fantasielos   rätselhaft

2 Ergänze den Wortbaustein **-isch**. Markiere.

Neid neidisch	Komik kom______	Himmel himml______	Regen regner______
Mode mod______	Kritik krit______	Tier tier______	Chaot chaot______

3 Ergänze den Wortbaustein **-haft**. Markiere.

Vorteil vorteilhaft	Lücke lücken______	Fabel fabel______	Schreck schreck______
lachen lach______	Krampf krampf______	Fieber fieber______	Mangel mangel______

› Möglichkeiten der Wortbildung kennen
› Wörter strukturieren
› mit Sprache experimentell und spielerisch umgehen

 **4** Ergänze den Wortbaustein **-bar**.
Markiere.

Furcht	brennen	wundern	lösen
furcht**bar**	brenn	wunder	lös

messen	fühlen	machen	danken
mess	fühl	mach	dank

 **4** Ergänze den Wortbaustein **-sam**.
Markiere.

biegen	schweigen	achten	raten
bieg	schweig	acht	rat

 **6** Ergänze die Wortbausteine **-los** und **-voll**.
Markiere.

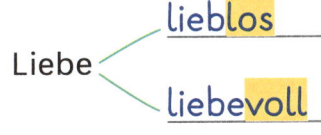

Liebe ⟨ lieb**los** / liebe**voll**

Plan ⟨ plan / plan

Mühe ⟨ mühe / mühe

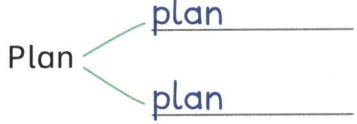

ACHTUNG   ACHTUNG   ACHTUNG

Das haben wir herausgefunden!

Wörter mit den **nachgestellten Wortbausteinen**
-isch, **-haft**, **-bar**, **-sam**, **-los**, **-voll** sind Adjektive.

kindisch, zauberhaft, essbar, seltsam, ratlos, sinnvoll
Mit diesen Adjektiven kann man lange Erklärungen
verkürzen und sich besser ausdrücken.

essbar → etwas, das ich essen kann

› Möglichkeiten der Wortbildung kennen
› Wörter strukturieren
› mit Sprache experimentell und spielerisch umgehen

31

Detektivwissen überprüfen

1 Markiere den Wortstamm.

der Schuss   geschossen   der Abschuss   die Schussrichtung

2 Schreibe vier Wörter der Wortfamilie Lauf/lauf auf.

_____

3 Sag es mit einem Wort und schreibe auf.

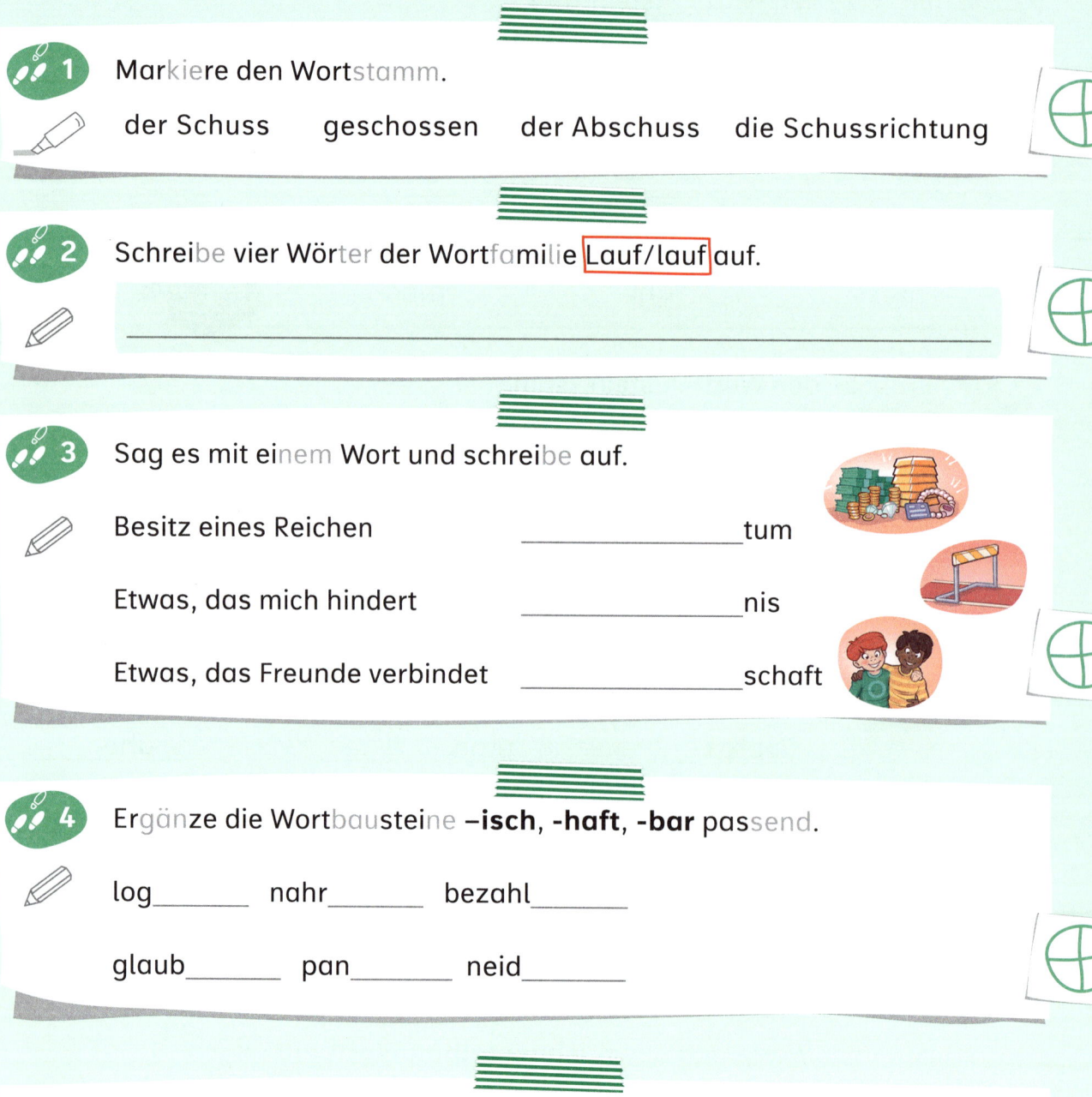

Besitz eines Reichen   _____tum

Etwas, das mich hindert   _____nis

Etwas, das Freunde verbindet   _____schaft

4 Ergänze die Wortbausteine **–isch**, **-haft**, **-bar** passend.

log_____   nahr_____   bezahl_____

glaub_____   pan_____   neid_____

5 Ergänze die Wortbausteine **–sam**, **-los**, **-voll** passend.

acht_____   wirkungs_____   nutz_____

selt_____   sinn_____   wunder_____

› Wortstamm und Wortfamilie kennen
› Wortbausteine kennen
› den eigenen Lernstand einschätzen

Hier geht es los!

Unser Fall:

1 Der Krimi beginnt mit dieser Seite:

Unser Fall

Hier erfährst du, was passiert ist.

Ein neuer Fall für TEAM LUPE

Bevor es mit dem Fall weitergeht,
kommt erst mal ein Übungskapitel.

Puh!

Uff!

Üben!

Kapitel 1

Rätseln!

Spurensicherung:
Der 1. Hinweis!

Knobeln!

Spannung!

2 Weiter geht es mit der

Spurensicherung

Du ermittelst gemeinsam mit TEAM LUPE.
Löse das Rätsel und finde den Hinweis.
Jetzt weißt du, welcher Sticker in die Fallakte gehört.

Klebe den richtigen Hinweis-Sticker
vom Stickerbogen in die Fallakte.

Bist du unsicher, welches der richtige Sticker ist?
Du findest die Lösung auch immer versteckt auf
der Seite.

Aha!

Hm!

Kapitel 2

Endlich kapiert!

Übe nun weiter.

2-mal blättern,
dann geht es weiter.

Illustrationen: Michael Stapper

Meine Hinweis-Sticker für den Fall

1a

1b

Hausplan R — Hausordnung B

2a

2b

o — i

3a

3b

Jugend Zentrum r — Spiele Wemann s

4a

4b

j — Teddy n

5a

5b

p — e

6a

6b

n — a

Illustrationen: Michael Stapper

westermann

TEAM
LUPE
ERMITTELT

Hamster in Not

LÖSUNGEN
(zum Heraustrennen
die mittlere Klammer lösen)

Lösungen zu
ISBN 978-3-14-**141491**-2
Illustriert von Cesare Asaro, Matthias Berghahn, Steffen Gumpert,
Michael Stapper, Zapf

Sprache untersuchen
FÖRDER

Nomen
Nomen erkennen

Nomen erkennt man an ihren **Merkmalen**.

Ein Buch ist ein Ding.
Die Mehrzahl heißt
die Bücher.

das Buch, ein Buch (Artikel)
das Buch, die Bücher (Mehrzahl)
das dicke Buch (Schiebewort)

Das Buch hat einen bestimmten und einen unbestimmten Artikel: das Buch, ein Buch.

Die **Schiebewort**probe hilft: das dicke Buch.

1 Überprüfe die Merkmale der Nomen. Schreibe.

Artikel: der, die, das ein, eine	Einzahl: der, die, das Mehrzahl: die	Schiebewortprobe: (klein oder groß)
das Handtuch ein Handtuch	das Handtuch die Handtücher	das kleine Handtuch
der Koffer ein Koffer	der Koffer die Koffer	der große Koffer
die Lupe eine Lupe	die Lupe die Lupen	die kleine Lupe
das Kind ein Kind	das Kind die Kinder	das kleine Kind
das Auto ein Auto	das Auto die Autos	das große Auto
der Junge ein Junge	der Junge die Jungen	der große Junge
die Ampel eine Ampel	die Ampel die Ampeln	die große Ampel

› Merkmale von Nomen kennen und anwenden
› grammatisches Wissen für die Rechtschreibung nutzen
› Leistungen von Wortarten untersuchen

Nomen
Nomen kennen

Um sie zu erkennen hilft die **Schiebewortprobe**.

Stimmt! Der leichte Regen gefällt Murmel.

der Regen, ein Regen (Artikel)
der Regen, ? (Mehrzahl)
der leichte Regen (Schiebewort)

Auf einige Nomen treffen **nicht alle Merkmale** zu.

Der Regen ist kein Ding, kein Tier, kein Mensch oder Pflanze. Ich kann keine **Mehrzahl** bilden.

1 Überprüfe die Nomen mit der Schiebewortprobe. Schreibe.

Artikel: der, die, das ein, eine	Schiebewortprobe: (leicht, groß oder klein)
der Regen	der leichte Regen
die Wut	die große Wut
der Schnee	der weiße Schnee
die Pizza	die große Pizza
die Butter	die kleine Butter

So gehen wir vor.

Wenn ich vor einem Wort ein **Schiebewort** einfügen kann, dann ist es ein **Nomen** und ich muss es **groß**schreiben.

› Merkmale von Nomen kennen und anwenden
› grammatisches Wissen für die Rechtschreibung nutzen
› Leistungen von Wortarten untersuchen

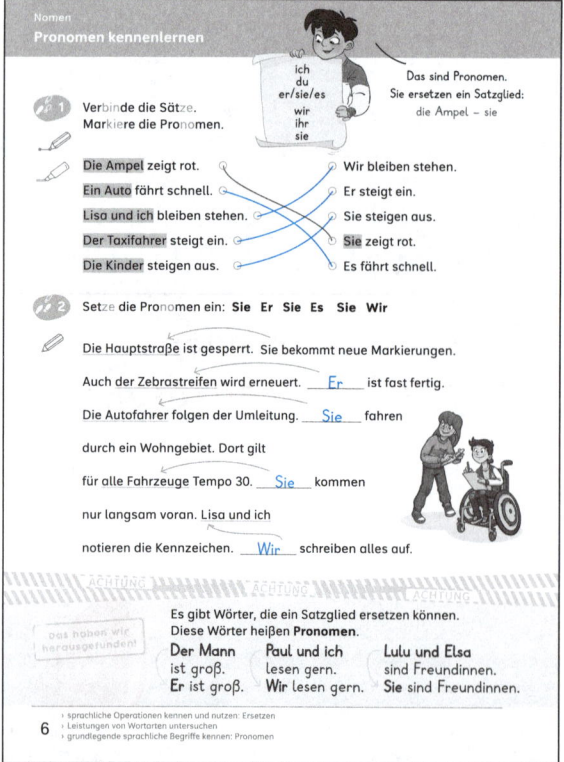

Nomen
Pronomen kennenlernen

ich
du
er/sie/es
wir
ihr
sie

Das sind Pronomen. Sie ersetzen ein Satzglied: die Ampel – sie

1 Verbinde die Sätze. Markiere die Pronomen.

Die Ampel zeigt rot. — Sie zeigt rot.
Ein Auto fährt schnell. — Es fährt schnell.
Lisa und ich bleiben stehen. — Wir bleiben stehen.
Der Taxifahrer steigt ein. — Er steigt ein.
Die Kinder steigen aus. — Sie steigen aus.

2 Setze die Pronomen ein: **Sie Er Sie Es Sie Wir**

Die Hauptstraße ist gesperrt. Sie bekommt neue Markierungen.

Auch der Zebrastreifen wird erneuert. _Er_ ist fast fertig.

Die Autofahrer folgen der Umleitung. _Sie_ fahren

durch ein Wohngebiet. Dort gilt

für alle Fahrzeuge Tempo 30. _Sie_ kommen

nur langsam voran. Lisa und ich

notieren die Kennzeichen. _Wir_ schreiben alles auf.

Das haben wir herausgefunden!

Es gibt Wörter, die ein Satzglied ersetzen können. Diese Wörter heißen **Pronomen**.

Der Mann ist groß.
Er ist groß.

Paul und ich lesen gern.
Wir lesen gern.

Lulu und Elsa sind Freundinnen.
Sie sind Freundinnen.

› sprachliche Operationen kennen und nutzen: Ersetzen
› Leistungen von Wortarten untersuchen
› grundlegende sprachliche Begriffe kennen: Pronomen

Nomen
Nomen kennen: Geschlecht

Der Bus kommt.
Er kommt.

Die Straße ist frei.
Sie ist frei.

Das Auto hält.
Es hält.

Der Artikel der zeigt das männliche Nomen an. Das Pronomen dazu heißt er.

Der Artikel die zeigt das weibliche Nomen an. Das Pronomen dazu heißt sie.

Der Artikel das zeigt das sächliche Nomen an. Das Pronomen dazu heißt es.

1 Male an: männliche Nomen blau, weibliche Nomen rot, sächliche Nomen grün.

der Fußgänger	das Taxi	die Bahn	der Kinderwagen
die Ampel	das Schild	die Kreuzung	das Motorrad
der Bus	das Fahrrad	der Helm	die Straße
der Bordstein	die Hupe	das Tempo	

2 Schreibe die Nomen geordnet auf.

männlich	weiblich	sächlich
der Fußgänger	die Hupe	das Taxi
der Bordstein	die Ampel	das Schild
der Kinderwagen	die Kreuzung	das Tempo
der Bus	die Bahn	das Motorrad
der Helm	die Straße	das Fahrrad

› Merkmale von Nomen kennenlernen: Geschlecht
› sprachliche Operationen kennen und nutzen: Ersetzen
› grundlegende sprachliche Begriffe kennen: Geschlecht

© Westermann Gruppe

TEAM LUPE ERMITTELT – Sprache untersuchen 4 – LÖSUNGEN

© Westermann Gruppe

Nomen
Nomen kennen: Geschlecht

1 Lies. Setze ein passendes Nomen ein.

Die Pronomen helfen dir dabei!

Das Schild	Die Bahn	Der Bordstein
Das Taxi	Der Helm	Die Kreuzung

Er/Sie/Es

Das **Schild** steht am Straßenrand. Es zeigt das erlaubte Tempo.

Die Kreuzung ist gefährlich. Sie hat keine Ampeln.

Der Bordstein trennt die Straße vom Gehweg.
Er schützt die Fußgänger.

Das Taxi steht am Bahnhof. Es wartet auf Kunden.

Die Bahn fährt auf Schienen. Sie quietscht in der Kurve.

Der Helm ist auf dem Kopf. Er schützt den Fahrradfahrer.

2 Ergänze die Artikel und die Pronomen.

Der	Er	Die	Sie	Das	Es

Die Straße hat Risse. **Sie** muss erneuert werden.

Der Zebrastreifen ist wichtig. **Er** hilft beim Überqueren.

Das Lastenfahrrad ist lang. **Es** transportiert Waren.

ACHTUNG ACHTUNG ACHTUNG

Das haben wir herausgefunden!

Nomen sind **männlich**, **weiblich** oder **sächlich**.
Das erkennt man am bestimmten Artikel in der Einzahl.
Der Baum **ist groß.** männlich, also: Er ist groß.
Die Tasche **ist groß.** weiblich, also: Sie ist groß.
Das Auto **ist groß.** sächlich, also: Es ist groß.

8
› Merkmale von Nomen kennenlernen: Geschlecht
› sprachliche Operationen kennen und nutzen: Ersetzen
› grundlegende sprachliche Begriffe kennen: Geschlecht

Nomen
Nomen kennen: Fälle

Nomen können im Satz unterschiedlich verwendet werden. Die vier Möglichkeiten heißen **Fälle**. Der Detektiv: Das Nomen ist männlich.

- Nominativ-Fall: **Der Detektiv** ist klug.
- Akkusativ-Fall: Ich sehe **den Detektiv.**
- Dativ-Fall: Ich begegne **dem Detektiv.**
- Genitiv-Fall: Die Freude **des Detektivs** ist groß.

Mit den Beispielsätzen mache ich die **Fallprobe**.

1 Trage ein: Der Forscher, den Forscher, dem Forscher, des Forschers

Nominativ-Fall: **der Forscher** ist klug.

Akkusativ-Fall: Ich sehe **den Forscher**.

Dativ-Fall: Ich begegne **dem Forscher**.

Genitiv-Fall: Die Freude **des Forschers** ist groß.

2 Trage ein: Der Mann, den Mann, dem Mann, des Mannes

Nominativ-Fall: **Der Mann** ist klug.

Akkusativ-Fall: Ich sehe **den Mann**.

Dativ-Fall: Ich begegne **dem Mann**.

Genitiv-Fall: Die Freude **des Mannes** ist groß.

› Merkmale von Nomen kennenlernen: Fall
› sprachliche Operationen kennen und nutzen: Einsetzen
› grundlegende sprachliche Begriffe kennen: Fall
9

Nomen
Nomen kennen: Fälle

Die Zeugin. Das Nomen ist weiblich.

- Nominativ-Fall: **Die Zeugin** ist klug.
- Akkusativ-Fall: Ich sehe **die Zeugin.**
- Dativ-Fall: Ich begegne **der Zeugin.**
- Genitiv-Fall: Die Freude **der Zeugin** ist groß.

1 Trage ein: Die Frau, die Frau, der Frau, der Frau

Nominativ-Fall: **Die Frau** ist klug.

Akkusativ-Fall: Ich sehe **die Frau**.

Dativ-Fall: Ich begegne **der Frau**.

Genitiv-Fall: Die Freude **der Frau** ist groß.

2 Trage ein: Die Pilotin, die Pilotin, der Pilotin, der Pilotin

Nominativ-Fall: **Die Pilotin** ist klug.

Akkusativ-Fall: Ich sehe **die Pilotin**.

Dativ-Fall: Ich begegne **der Pilotin**.

Genitiv-Fall: Die Freude **der Pilotin** ist groß.

10
› Merkmale von Nomen kennenlernen: Fall
› sprachliche Operationen kennen und nutzen: Einsetzen
› grundlegende sprachliche Begriffe kennen: Fall

Nomen
Nomen kennen: Fälle

Das Kind. Das Nomen ist sächlich.

- Nominativ-Fall: **Das Kind** ist klug.
- Akkusativ-Fall: Ich sehe das **Kind.**
- Dativ-Fall: Ich begegne dem **Kind.**
- Genitiv-Fall: Die Freude des **Kindes** ist groß.

1 Trage ein: Das Baby, das Baby, dem Baby, des Babys

Nominativ-Fall: **Das Baby** ist klug.

Akkusativ-Fall: Ich sehe **das Baby**.

Dativ-Fall: Ich begegne **dem Baby**.

Genitiv-Fall: Die Freude **des Babys** ist groß.

Die Fälle gibt es auch bei Nomen in der **Mehrzahl**: die Kinder.

2 Trage ein: Die Kinder, die Kinder, den Kindern, der Kinder

Nominativ-Fall: **Die Kinder** sind klug.

Akkusativ-Fall: Ich sehe **die Kinder**.

Dativ-Fall: Ich begegne **den Kindern**.

Genitiv-Fall: Die Freude **der Kinder** ist groß.

› Merkmale von Nomen kennenlernen: Fall
› sprachliche Operationen kennen und nutzen: Einsetzen
› grundlegende sprachliche Begriffe kennen: Fall
11

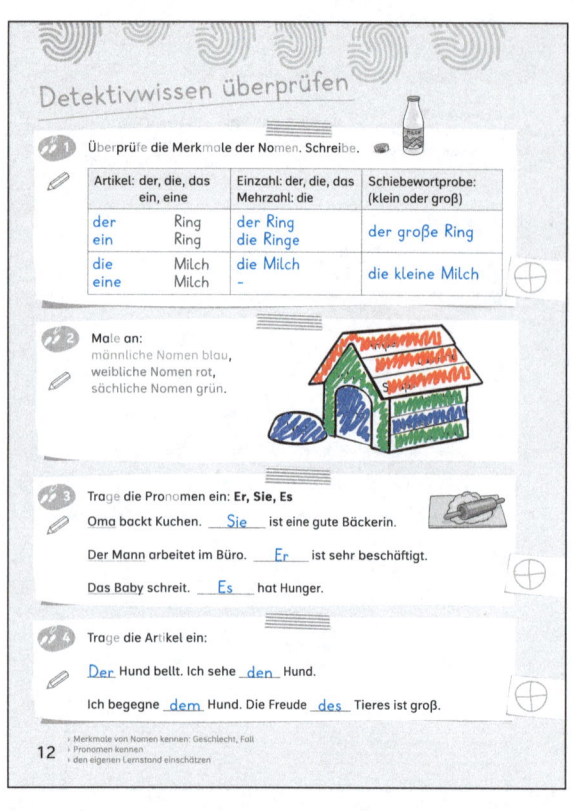

Detektivwissen überprüfen

1 Überprüfe die Merkmale der Nomen. Schreibe.

Artikel: der, die, das ein, eine	Einzahl: der, die, das Mehrzahl: die	Schiebewortprobe: (klein oder groß)
der ein	Ring Ring	der Ring die Ringe	der große Ring
die eine	Milch Milch	die Milch –	die kleine Milch

2 Male an:
männliche Nomen blau,
weibliche Nomen rot,
sächliche Nomen grün.

3 Trage die Pronomen ein: Er, Sie, Es

Oma backt Kuchen. _Sie_ ist eine gute Bäckerin.

Der Mann arbeitet im Büro. _Er_ ist sehr beschäftigt.

Das Baby schreit. _Es_ hat Hunger.

4 Trage die Artikel ein:

Der Hund bellt. Ich sehe _den_ Hund.

Ich begegne _dem_ Hund. Die Freude _des_ Tieres ist groß.

12 › Merkmale von Nomen kennen: Geschlecht, Fall
› Pronomen kennen
› den eigenen Lernstand einschätzen

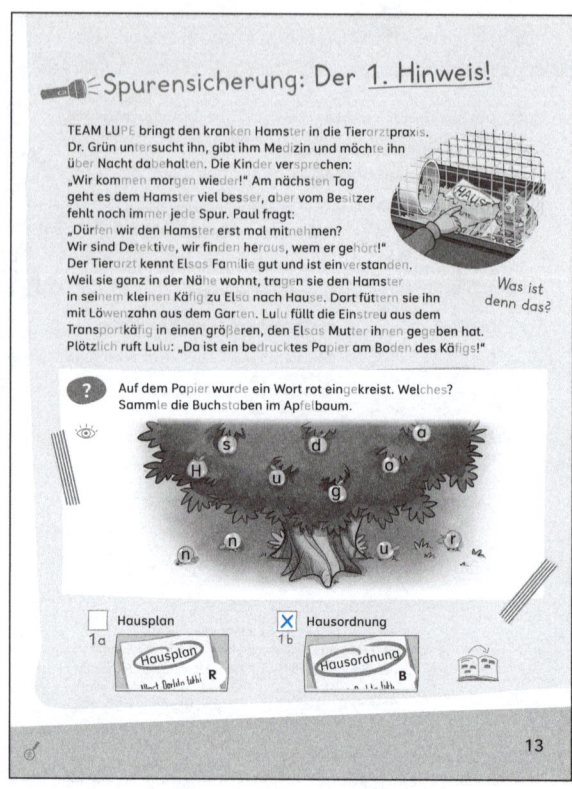

Spurensicherung: Der 1. Hinweis!

TEAM LUPE bringt den kranken Hamster in die Tierarztpraxis. Dr. Grün untersucht ihn, gibt ihm Medizin und möchte ihn über Nacht dabehalten. Die Kinder versprechen: „Wir kommen morgen wieder!" Am nächsten Tag geht es dem Hamster viel besser, aber vom Besitzer fehlt noch immer jede Spur. Paul fragt: „Dürfen wir den Hamster erst mal mitnehmen? Wir sind Detektive, wir finden heraus, wem er gehört!" Der Tierarzt kennt Elsas Familie gut und ist einverstanden. Weil sie ganz in der Nähe wohnt, tragen sie den Hamster in seinem kleinen Käfig zu Elsa nach Hause. Dort füttern sie ihn mit Löwenzahn aus dem Garten. Lulu füllt die Einstreu aus dem Transportkäfig in einen größeren, den Elsas Mutter ihnen gegeben hat. Plötzlich ruft Lulu: „Da ist ein bedrucktes Papier am Boden des Käfigs!"

Was ist denn das?

? Auf dem Papier wurde ein Wort rot eingekreist. Welches? Sammle die Buchstaben im Apfelbaum.

☐ Hausplan   ☒ Hausordnung
1a   1b

13

Adjektive - Aufzählungen - Konjunktionen
Adjektive kennen: Vergleichsformen

1 Markiere die Formen des Adjektivs **groß** in den Sprechblasen.

Meine Seifenblase ist **größer**.

Unsere Seifenblasen sind gleich **groß**.

Meine Seifenblase ist **am größten**.

Mit Adjektiven kann man vergleichen, sie haben **Vergleichsformen**:
Uno ist **groß**. Murmel ist **größer**.
Der Elefant ist **am größten**.

2 Trage die Formen ein.

lang, länger, am längsten, klein, kleiner, am kleinsten

Grundform	1. Vergleichsform	2. Vergleichsform
groß	größer	am größten
lang	länger	am längsten
klein	kleiner	am kleinsten

3 Schreibe die Vergleiche.

Eine Flasche ist _größer_ als die andere.

Die Limonade in der kleinen Flasche schmeckt aber

genauso gut _wie_ die Limonade

in der großen Flasche.

größer als genauso gut wie

14 › Merkmale von Adjektiven kennen
› Wissen über Wortarten anwenden
› grundlegende sprachliche Begriffe kennen: Adjektiv

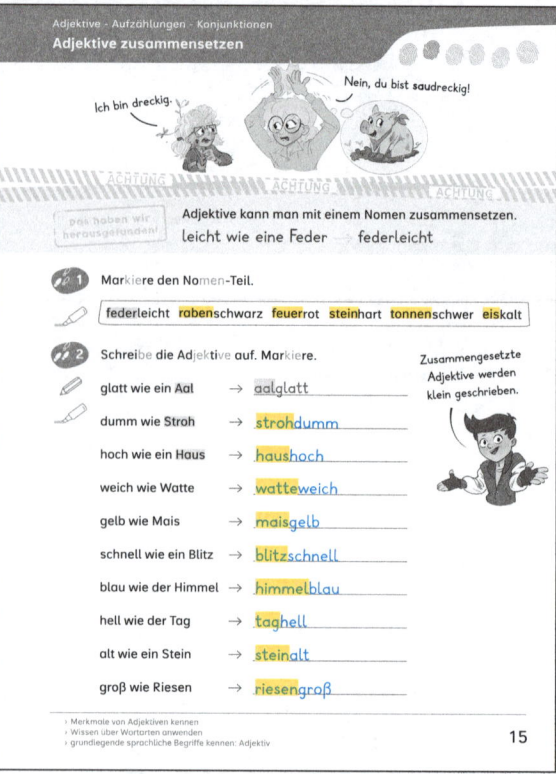

Adjektive - Aufzählungen - Konjunktionen
Adjektive zusammensetzen

Ich bin dreckig.

Nein, du bist saudreckig!

Adjektive kann man mit einem Nomen zusammensetzen.
leicht wie eine Feder   federleicht

1 Markiere den Nomen-Teil.

federleicht **raben**schwarz **feuer**rot **stein**hart **tonnen**schwer **eis**kalt

2 Schreibe die Adjektive auf. Markiere.

Zusammengesetzte Adjektive werden klein geschrieben.

glatt wie ein Aal → **aal**glatt

dumm wie Stroh → **stroh**dumm

hoch wie ein Haus → **haus**hoch

weich wie Watte → **watte**weich

gelb wie Mais → **mais**gelb

schnell wie ein Blitz → **blitz**schnell

blau wie der Himmel → **himmel**blau

hell wie der Tag → **tag**hell

alt wie ein Stein → **stein**alt

groß wie Riesen → **riesen**groß

15 › Merkmale von Adjektiven kennen
› Wissen über Wortarten anwenden
› grundlegende sprachliche Begriffe kennen: Adjektiv

© Westermann Gruppe

© Westermann Gruppe

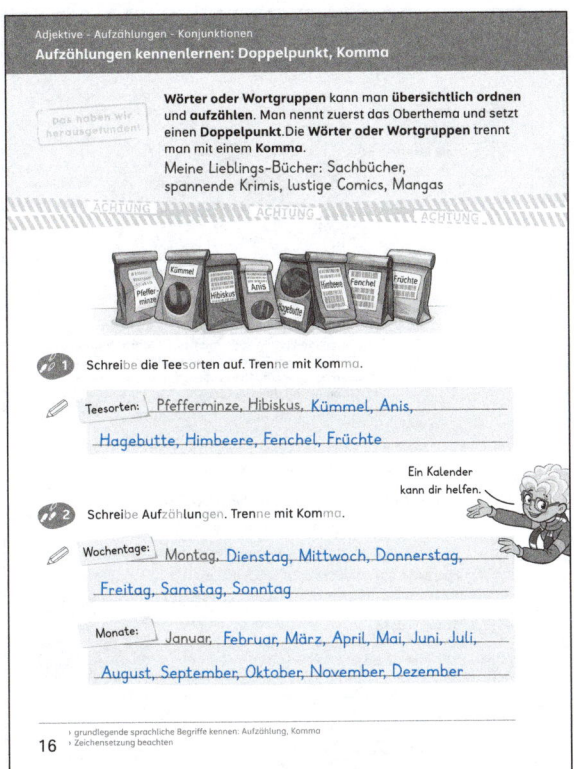

Adjektive - Aufzählungen - Konjunktionen

Aufzählungen kennenlernen: Doppelpunkt, Komma

Das haben wir herausgefunden!

Wörter oder Wortgruppen kann man übersichtlich ordnen und **aufzählen**. Man nennt zuerst das Oberthema und setzt einen **Doppelpunkt.**Die **Wörter oder Wortgruppen** trennt man mit einem **Komma.**

Meine Lieblings-Bücher: Sachbücher, spannende Krimis, lustige Comics, Mangas

1 Schreibe die Teesorten auf. Trenne mit Komma.

Teesorten: Pfefferminze, Hibiskus, Kümmel, Anis, Hagebutte, Himbeere, Fenchel, Früchte

Ein Kalender kann dir helfen.

2 Schreibe Aufzählungen. Trenne mit Komma.

Wochentage: Montag, Dienstag, Mittwoch, Donnerstag, Freitag, Samstag, Sonntag

Monate: Januar, Februar, März, April, Mai, Juni, Juli, August, September, Oktober, November, Dezember

› grundlegende sprachliche Begriffe kennen: Aufzählung, Komma
› Zeichensetzung beachten

16

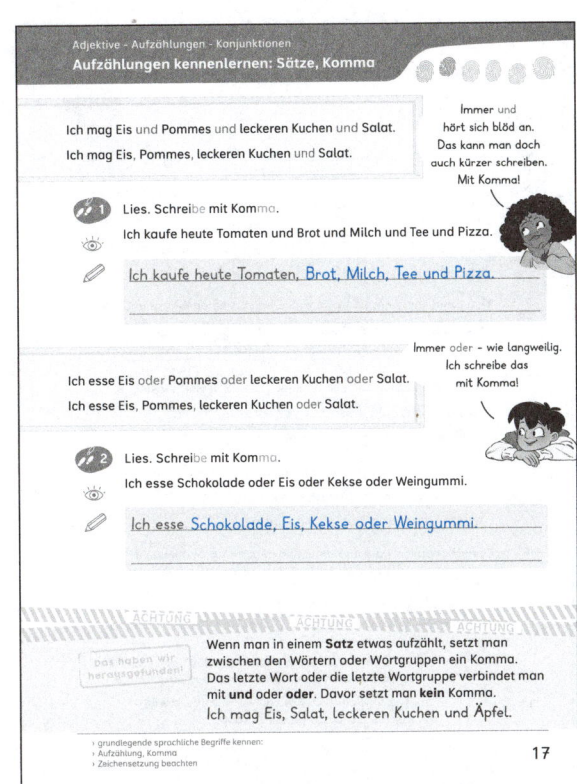

Adjektive - Aufzählungen - Konjunktionen

Aufzählungen kennenlernen: Sätze, Komma

Ich mag Eis und Pommes und leckeren Kuchen und Salat.
Ich mag Eis, Pommes, leckeren Kuchen und Salat.

Immer und hört sich blöd an. Das kann man doch auch viel kürzer schreiben. Mit Komma!

1 Lies. Schreibe mit Komma.

Ich kaufe heute Tomaten und Brot und Milch und Tee und Pizza.

Ich kaufe heute Tomaten, Brot, Milch, Tee und Pizza.

Ich esse Eis oder Pommes oder leckeren Kuchen oder Salat.
Ich esse Eis, Pommes, leckeren Kuchen oder Salat.

Immer oder - wie langweilig. Ich schreibe das mit Komma!

2 Lies. Schreibe mit Komma.

Ich esse Schokolade oder Eis oder Kekse oder Weingummi.

Ich esse Schokolade, Eis, Kekse oder Weingummi.

Das haben wir herausgefunden!

Wenn man in einem **Satz** etwas aufzählt, setzt man zwischen den Wörtern oder Wortgruppen ein Komma. Das letzte Wort oder die letzte Wortgruppe verbindet man mit **und** oder **oder**. Davor setzt man **kein** Komma.
Ich mag Eis, Salat, leckeren Kuchen und Äpfel.

› grundlegende sprachliche Begriffe kennen:
› Aufzählung, Komma
› Zeichensetzung beachten

17

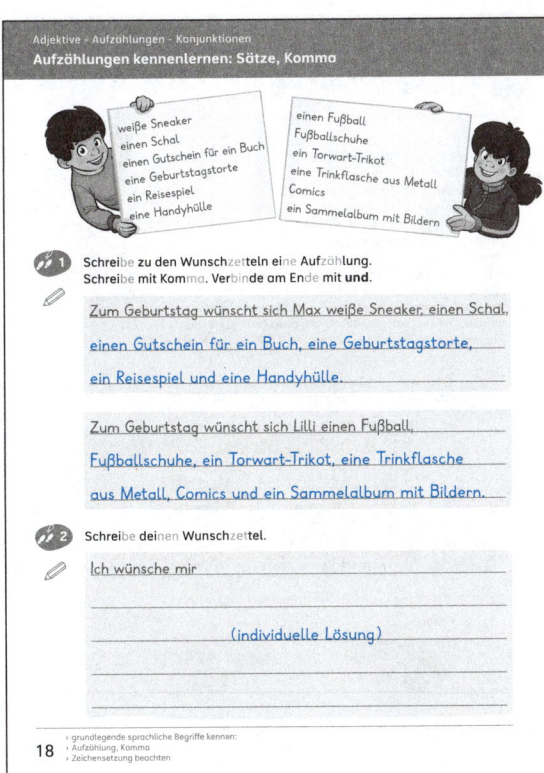

Adjektive - Aufzählungen - Konjunktionen

Aufzählungen kennenlernen: Sätze, Komma

weiße Sneaker
einen Schal
einen Gutschein für ein Buch
eine Geburtstagstorte
ein Reisespiel
eine Handyhülle

einen Fußball
Fußballschuhe
ein Torwart-Trikot
eine Trinkflasche aus Metall
Comics
ein Sammelalbum mit Bildern

1 Schreibe zu den Wunschzetteln eine Aufzählung. Schreibe mit Komma. Verbinde am Ende mit und.

Zum Geburtstag wünscht sich Max weiße Sneaker, einen Schal, einen Gutschein für ein Buch, eine Geburtstagstorte, ein Reisespiel und eine Handyhülle.

Zum Geburtstag wünscht sich Lilli einen Fußball, Fußballschuhe, ein Torwart-Trikot, eine Trinkflasche aus Metall, Comics und ein Sammelalbum mit Bildern.

2 Schreibe deinen Wunschzettel.

Ich wünsche mir

(individuelle Lösung)

› grundlegende sprachliche Begriffe kennen:
› Aufzählung, Komma
› Zeichensetzung beachten

18

Adjektive - Aufzählungen - Konjunktionen

Sätze verbinden: Konjunktionen

Papa hat Gemüse geerntet. Er kocht Gemüsesuppe.
Papa hat Gemüse geerntet, deshalb kocht er Gemüsesuppe.

Wenn man Sätze verbinden will, braucht man ein Bindewort und ein Komma.

Bindewörter heißen Konjunktionen.

Manchmal gibt es mehrere Möglichkeiten.

Konjunktionen
sondern aber
damit weil
sodass deswegen
nachdem bevor
denn

1 Markiere die Bindewörter und das Komma.

Die Grundschule betreut eine Streuobstwiese, darum dürfen die Kinder Obst ernten. Dieses Jahr gibt es besonders viele Äpfel, deshalb feiert die Schule ein Apfelfest. Die Rektorin hat eine Apfelpresse besorgt, sodass die Klasse 4a Apfelsaft herstellen kann. Die Klasse 3b macht Fruchtspieße, nachdem sie Äpfel, Birnen und Pflaumen klein geschnitten hat. Frau Niemann kocht Apfelmus, damit kein Apfel schlecht wird. Die Kinder essen Apfelwaffeln, aber mehr als zwei Stück schafft keiner. In einem Workshop lernt man Apfelringe zu trocken, denn auch so kann man Äpfel haltbar machen.

› grundlegende sprachliche Begriffe kennen:
› Nebensatz, Komma, Konjunktion
› Zeichensetzung beachten

19

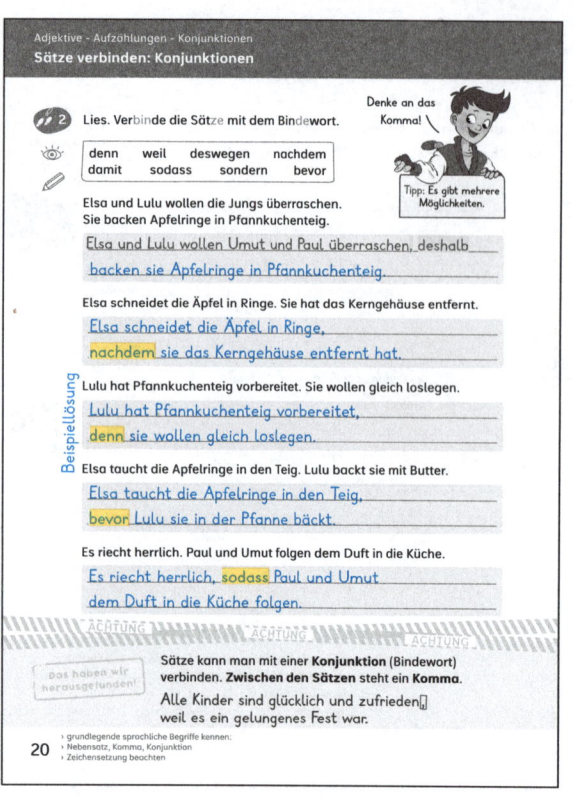

Adjektive · Aufzählungen · Konjunktionen
Sätze verbinden: Konjunktionen

2 Lies. Verbinde die Sätze mit dem Bindewort.

Denke an das Komma!

| denn | weil | deswegen | nachdem |
| damit | sodass | sondern | bevor |

Tipp: Es gibt mehrere Möglichkeiten.

Elsa und Lulu wollen die Jungs überraschen. Sie backen Apfelringe in Pfannkuchenteig.

Elsa und Lulu wollen Umut und Paul überraschen, deshalb backen sie Apfelringe in Pfannkuchenteig.

Elsa schneidet die Äpfel in Ringe. Sie hat das Kerngehäuse entfernt.

Elsa schneidet die Äpfel in Ringe, nachdem sie das Kerngehäuse entfernt hat.

Beispiellösung

Lulu hat Pfannkuchenteig vorbereitet. Sie wollen gleich loslegen.

Lulu hat Pfannkuchenteig vorbereitet, denn sie wollen gleich loslegen.

Elsa taucht die Apfelringe in den Teig. Lulu backt sie mit Butter.

Elsa taucht die Apfelringe in den Teig, bevor Lulu sie in der Pfanne bäckt.

Es riecht herrlich. Paul und Umut folgen dem Duft in die Küche.

Es riecht herrlich, sodass Paul und Umut dem Duft in die Küche folgen.

ACHTUNG

Das haben wir herausgefunden!

Sätze kann man mit einer **Konjunktion** (Bindewort) verbinden. **Zwischen den Sätzen** steht ein Komma.
Alle Kinder sind glücklich und zufrieden☐ weil es ein gelungenes Fest war.

Adjektive · Aufzählungen · Konjunktionen
Sätze verbinden: Konjunktion dass

1 Lies.

Ich habe die Deutscharbeit vergeigt.

Es war gar nicht so schwierig.

Es gibt auch Punkte für die Rechtschreibung.

Vielleicht hast du es doch geschafft, Umut.

ACHTUNG

Das haben wir herausgefunden!

Mit manchen Verben kann man eine **Wahrnehmung**, ein **Gefühl**, einen **Gedanken**, einen **Willen** oder sein **Wissen** ausdrücken. Diese Verben kann man mit der Konjunktion **dass** verbinden.:
Ich glaube, dass ...   Ich sehe, dass ...

2 Markiere die Verben vor der Konjunktion dass.

Umut befürchtet, dass er die Deutscharbeit vergeigt hat.

Lulu meint, dass es gar nicht so schwierig war.

Elsa weiß, dass es auch Punkte für die Rechtschreibung gibt.

Paul hofft, dass Umut es doch geschafft hat.

3 Schreibe dass.

Dass ist eine Konjunktion. Achte auf die Schreibweise.

Ich denke, _dass_ es heute regnen wird.

Ich vermute, _dass_ ich meinen Schirm vergessen habe.

Detektivwissen überprüfen

1 Trage die fehlenden Formen in die Tabelle ein.

Grundform	1. Vergleichsform	2. Vergleichsform
lang	länger	am längsten
klein	kleiner	am kleinsten
groß	größer	am größten

2 Schreibe die Adjektive auf.

schnell wie ein Blitz → blitzschnell

blau wie der Himmel → himmelblau

hell wie der Tag → taghell

3 Schreibe Kommas.

Ich trinke Tee, Saft, Milch, Limonade oder Wasser.

4 Verbinde die Sätze mit dem Bindewort.

Umut steht auf. Der Wecker schellt. (denn)

Umut steht auf, denn der Wecker schellt.

Umut ist noch müde. Er muss zur Schule. (aber)

Umut ist noch müde, aber er muss zur Schule.

22 › Adjektive kennen
› Zeichensetzung bei Aufzählung und Konjunktionen beachten
› den eigenen Lernstand einschätzen

Spurensicherung: Der 2. Hinweis!

Vorsichtig zieht Lulu das Papier aus der Einstreu. Den Hamster stört das nicht, er ist in seinem Nest eingeschlafen. Elsa bedeckt den Käfig mit einem Tuch. Sie kennt sich mit Hamstern aus und erklärt: „Die schlafen tagsüber viel und werden erst abends wieder aktiv." Lulu liest vor, was auf dem Papier steht: „Hausordnung: Das Halten von Haustieren ist in diesem Mietshaus nicht erlaubt." Die Detektive kombinieren: Musste der Hamster deshalb verschwinden? Wurde er aus diesem Grund vor der Tierarztpraxis ausgesetzt? Es steht noch viel mehr auf dem Papier, was die Bewohner alles beachten sollen. Paul sagt aufgeregt: „Und hier ist die Adresse des Mietshauses!"

? Nach welchem Tier ist die Straße benannt? Finde alle Tiere. Nur ein großes Tier ist dabei. Welches?

B	Y	N	R	P	S	K	C	I	F	H	G
G	O	K	A	N	I	N	C	H	E	N	O
J	Ä	S	T	A	B	Y	Z	G	V	L	
O	M	N	T	M	A	U	S	B	F	F	D
K	Ü	P	E	Ö	S	D	E	I	R	U	F
N	C	L	Ö	W	E	K	C	E	J	Ä	I
U	K	Ä	F	E	R	X	Q	N	I	Ä	S	S	Q	X
M	E	E	R	S	C	H	W	E	I	N	C	H	E	N
U	P	H	G	A	K	D	Ü	R	G	T	H	T	E	H

☐ Elefant
2a

☒ Löwe
2b

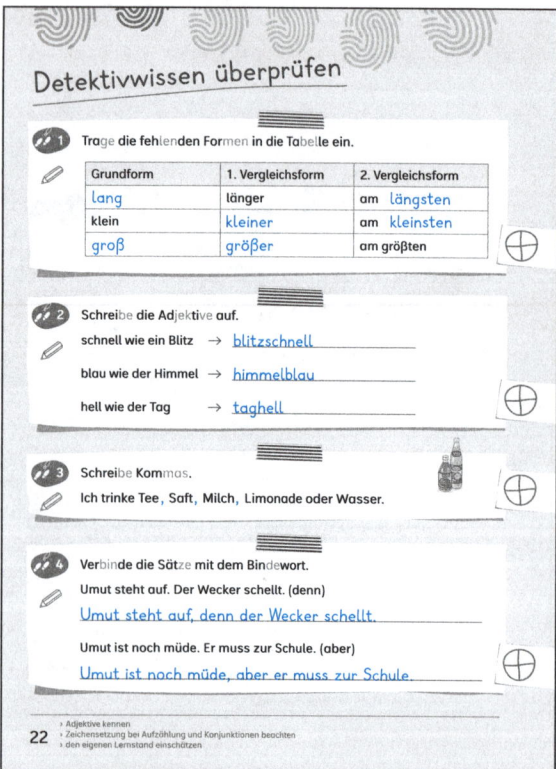

© Westermann Gruppe

TEAM LUPE ERMITTELT – Sprache untersuchen 4 – LÖSUNGEN

© Westermann Gruppe

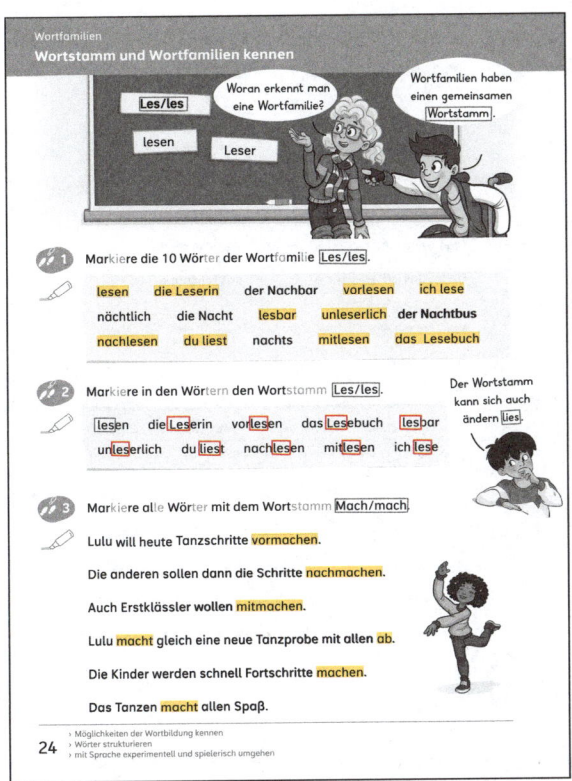

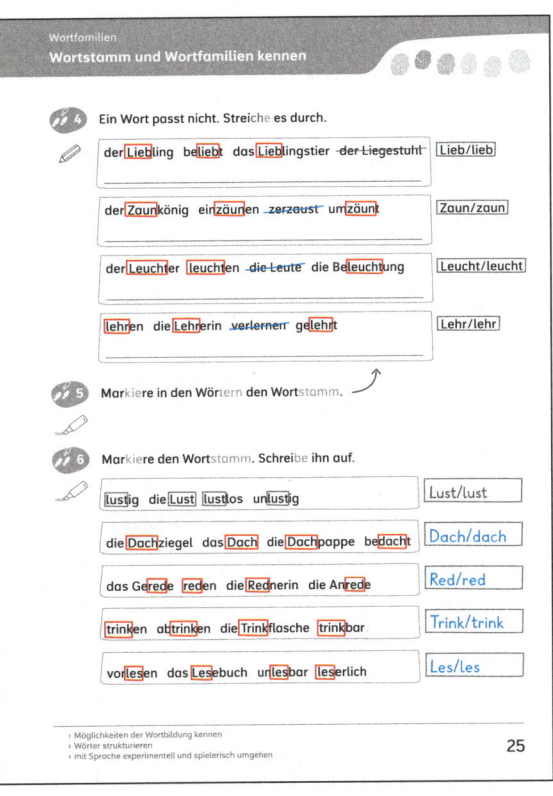

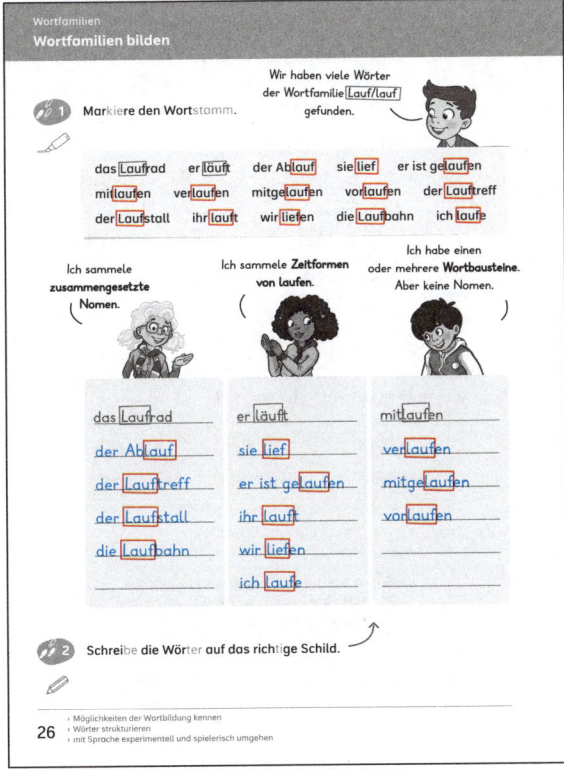

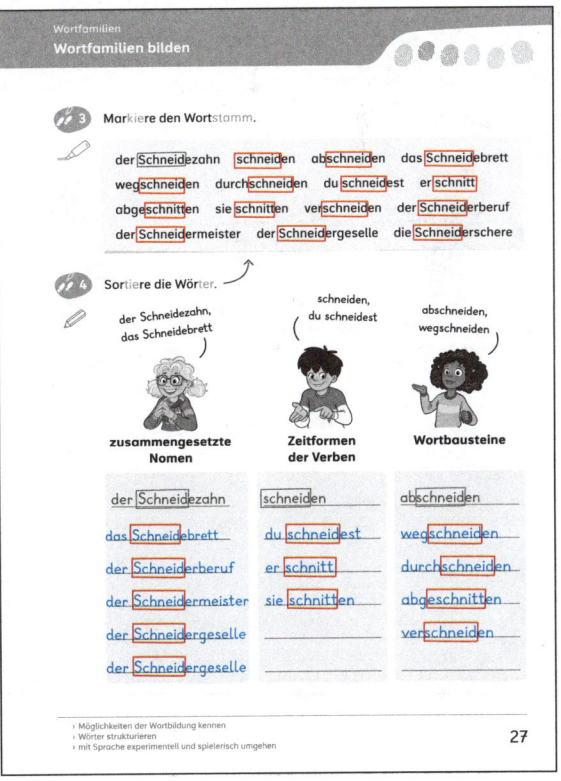

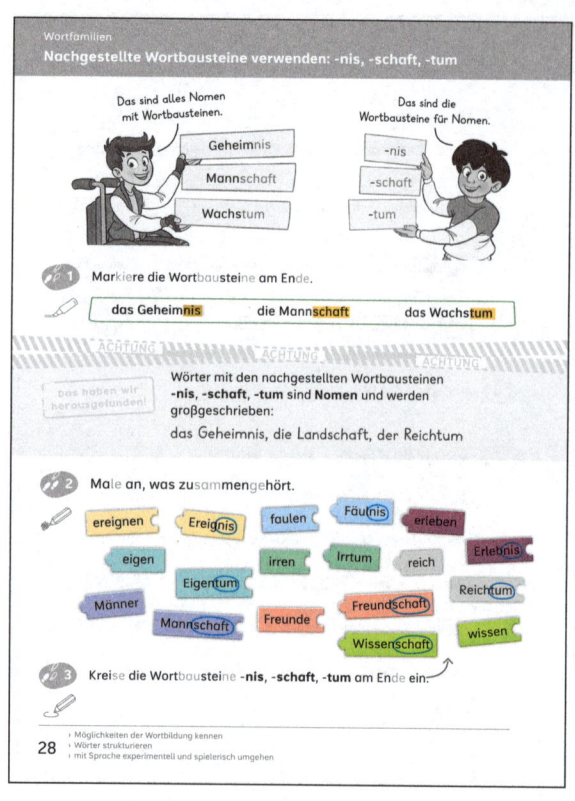

Wortfamilien

Nachgestellte Wortbausteine verwenden: -nis, -schaft, -tum

Das sind alles Nomen mit Wortbausteinen.
- Geheim**nis**
- Mann**schaft**
- Wachs**tum**

Das sind die Wortbausteine für Nomen.
- -nis
- -schaft
- -tum

1 Markiere die Wortbausteine am Ende.

das Geheim**nis**   die Mann**schaft**   das Wachs**tum**

Das haben wir herausgefunden! Wörter mit den nachgestellten Wortbausteinen **-nis, -schaft, -tum** sind **Nomen** und werden großgeschrieben:

das Geheimnis, die Landschaft, der Reichtum

2 Male an, was zusammengehört.

ereignen – Ereig**nis**   faulen – Fäul**nis** – erleben – Erleb**nis**
eigen – Eigen**tum**   irren – Irr**tum**   reich – Reich**tum**
Männer – Mann**schaft**   Freunde – Freund**schaft**   wissen – Wissen**schaft**

3 Kreise die Wortbausteine **-nis, -schaft, -tum** am Ende ein.

28 › Möglichkeiten der Wortbildung kennen
› Wörter strukturieren
› mit Sprache experimentell und spielerisch umgehen

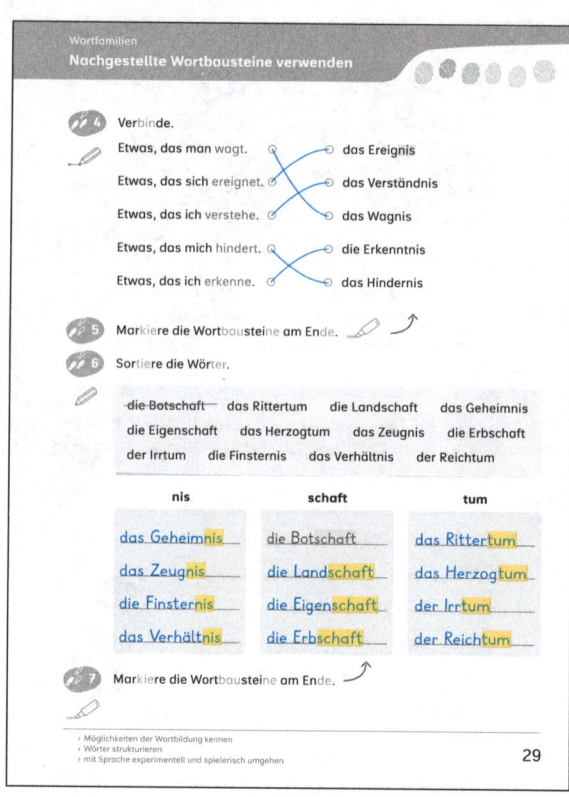

Wortfamilien

Nachgestellte Wortbausteine verwenden

4 Verbinde.

Etwas, das man wagt. — das Wagnis
Etwas, das sich ereignet. — das Ereignis
Etwas, das ich verstehe. — das Verständnis
Etwas, das mich hindert. — das Hindernis
Etwas, das ich erkenne. — die Erkenntnis

5 Markiere die Wortbausteine am Ende.

6 Sortiere die Wörter.

die Botschaft   das Rittertum   die Landschaft   das Geheimnis
die Eigenschaft   das Herzogtum   das Zeugnis   die Erbschaft
der Irrtum   die Finsternis   das Verhältnis   der Reichtum

nis	schaft	tum
das Geheim**nis**	die Bot**schaft**	das Ritter**tum**
das Zeug**nis**	die Land**schaft**	das Herzog**tum**
die Finster**nis**	die Eigen**schaft**	der Irr**tum**
das Verhält**nis**	die Erb**schaft**	der Reich**tum**

7 Markiere die Wortbausteine am Ende.

› Möglichkeiten der Wortbildung kennen
› Wörter strukturieren
› mit Sprache experimentell und spielerisch umgehen   29

Wortfamilien

Nachgestellte Wortbausteine verwenden: -isch, -haft, -bar, -sam, -los, -voll

Wie viele Wörter gibt es eigentlich?
- -isch
- -haft,
- -bar,
- -sam
- -los
- -voll

Unzählige! Mit Wortbausteinen kannst du ein Wort in andere verwandeln. Aus Fantasie wird so fantsievoll, fantastisch, fantasielos.

Alle Wörter mit diesen Bausteinen sind Adjektive.

1 Markiere die Wortbausteine am Ende.

ess**bar**   selt**sam**   sinn**voll**   kind**isch**   fantasie**los**   rätsel**haft**

2 Ergänze den Wortbaustein **-isch**. Markiere.

Neid	Komik	Himmel	Regen
neid**isch**	kom**isch**	himml**isch**	regner**isch**

Mode	Kritik	Tier	Chaot
mod**isch**	krit**isch**	tier**isch**	chaot**isch**

3 Ergänze den Wortbaustein **-haft**. Markiere.

Vorteil	Lücke	Fabel	Schreck
vorteil**haft**	lücken**haft**	fabel**haft**	schreck**haft**

lachen	Krampf	Fieber	Mangel
lach**haft**	krampf**haft**	fieber**haft**	mangel**haft**

30 › Möglichkeiten der Wortbildung kennen
› Wörter strukturieren
› mit Sprache experimentell und spielerisch umgehen

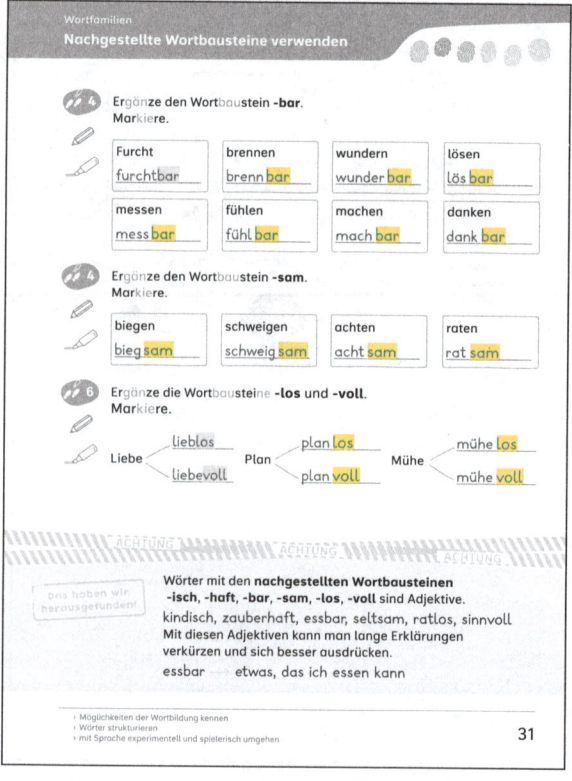

Wortfamilien

Nachgestellte Wortbausteine verwenden

4 Ergänze den Wortbaustein **-bar**. Markiere.

Furcht	brennen	wundern	lösen
furcht**bar**	brenn**bar**	wunder**bar**	lös**bar**

messen	fühlen	machen	danken
mess**bar**	fühl**bar**	mach**bar**	dank**bar**

4 Ergänze den Wortbaustein **-sam**. Markiere.

biegen	schweigen	achten	raten
bieg**sam**	schweig**sam**	acht**sam**	rat**sam**

6 Ergänze die Wortbausteine **-los** und **-voll**. Markiere.

Liebe — lieb**los** / liebe**voll**
Plan — plan**los** / plan**voll**
Mühe — mühe**los** / mühe**voll**

Das haben wir herausgefunden! Wörter mit den **nachgestellten Wortbausteinen -isch, -haft, -bar, -sam, -los, -voll** sind **Adjektive**.

kindisch, zauberhaft, essbar, seltsam, ratlos, sinnvoll
Mit diesen Adjektiven kann man lange Erklärungen verkürzen und sich besser ausdrücken.

essbar   etwas, das ich essen kann

› Möglichkeiten der Wortbildung kennen
› Wörter strukturieren
› mit Sprache experimentell und spielerisch umgehen   31

© Westermann Gruppe

© Westermann Gruppe

Detektivwissen überprüfen

1 Markiere den Wortstamm.

der **Schuss**   ge**schoss**en   der Ab**schuss**   die **Schuss**richtung

2 Schreibe vier Wörter der Wortfamilie Lauf/lauf auf.

Laufrad, laufen, er ist gelaufen, verlaufen

3 Sag es mit einem Wort und schreibe auf.

Besitz eines Reichen — der **Reich** tum

Etwas, das mich hindert — das **Hinder** nis

Etwas, das Freunde verbindet — die **Freund** schaft

4 Ergänze die Wortbausteine –isch, -haft, -bar passend.

log **isch**   nähr **haft**   bezahl **bar**

glaub **haft**   pan **isch**   neid **isch**

5 Ergänze die Wortbausteine -sam, -los, -voll passend.

acht **sam**   wirkungs **voll**   nutz **bar**

selt **sam**   sinn **voll**   wunder **voll**

32
› Wortstamm und Wortfamilie kennen
› Wortbausteine kennen
› den eigenen Lernstand einschätzen

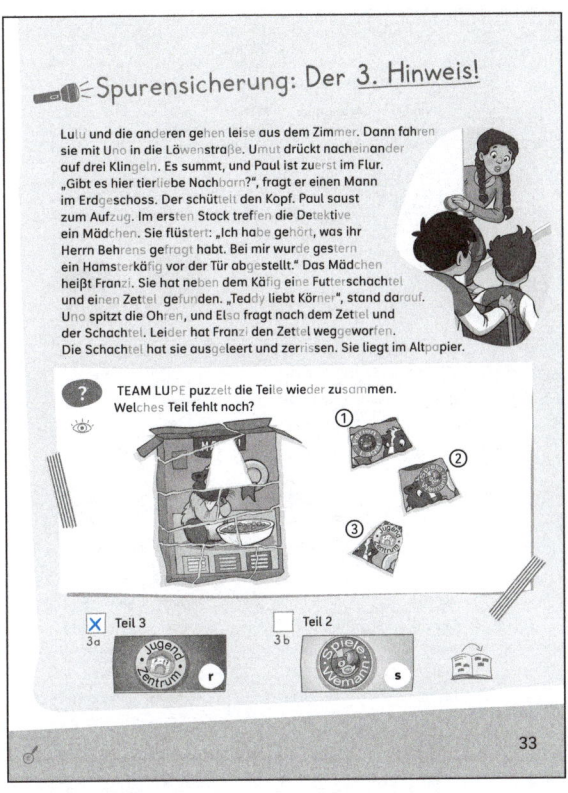

Spurensicherung: Der 3. Hinweis!

Lulu und die anderen gehen leise aus dem Zimmer. Dann fahren sie mit Uno in die Löwenstraße. Umut drückt nacheinander auf drei Klingeln. Es summt, und Paul ist zuerst im Flur. „Gibt es hier tierliebe Nachbarn?", fragt er einen Mann im Erdgeschoss. Der schüttelt den Kopf. Paul saust zum Aufzug. Im ersten Stock treffen die Detektive ein Mädchen. Sie flüstert: „Ich habe gehört, was ihr Herrn Behrens gefragt habt. Bei mir wurde gestern ein Hamsterkäfig vor der Tür abgestellt." Das Mädchen heißt Franzi. Sie hat neben dem Käfig eine Futterschachtel und einen Zettel gefunden. „Teddy liebt Körner", stand darauf. Uno spitzt die Ohren, und Elsa fragt nach dem Zettel und der Schachtel. Leider hat Franzi den Zettel weggeworfen. Die Schachtel hat sie ausgeleert und zerrissen. Sie liegt im Altpapier.

? TEAM LUPE puzzelt die Teile wieder zusammen. Welches Teil fehlt noch?

① ② ③

☒ Teil 3   3a

☐ Teil 2   3b

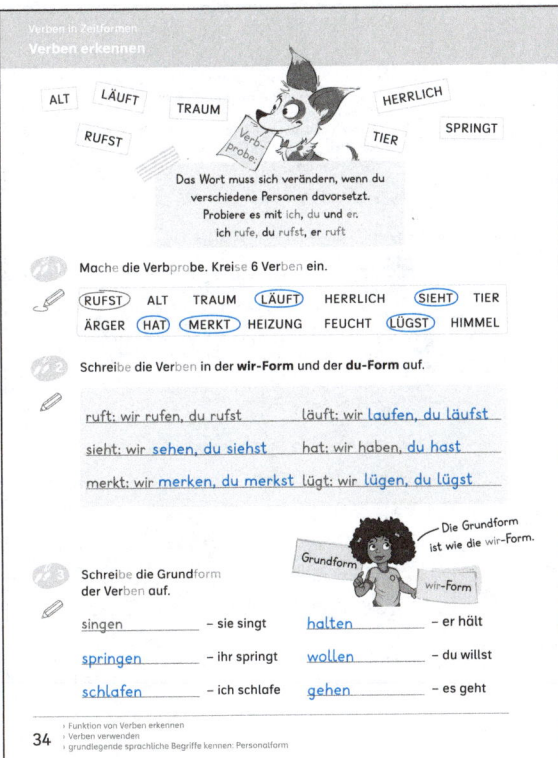

Verben in Zeitformen
Verben erkennen

ALT   LÄUFT   TRAUM   HERRLICH

RUFST   TIER   SPRINGT

Verb-probe.

Das Wort muss sich verändern, wenn du verschiedene Personen davorsetzt. Probiere es mit ich, du und er. ich rufe, du rufst, er ruft

1 Mache die Verbprobe. Kreise 6 Verben ein.

(RUFST)   ALT   TRAUM   (LÄUFT)   HERRLICH   (SIEHT)   TIER

ÄRGER   (HAT)   (MERKT)   HEIZUNG   FEUCHT   (LÜGST)   HIMMEL

2 Schreibe die Verben in der **wir-Form** und der **du-Form** auf.

ruft: wir rufen, du rufst   läuft: wir laufen, du läufst

sieht: wir sehen, du siehst   hat: wir haben, du hast

merkt: wir merken, du merkst   lügt: wir lügen, du lügst

Die Grundform ist wie die wir-Form.

Grundform — *wir-Form*

3 Schreibe die Grundform der Verben auf.

singen — sie singt   halten — er hält

springen — ihr springt   wollen — du willst

schlafen — ich schlafe   gehen — es geht

34
› Funktion von Verben erkennen
› Verben verwenden
› grundlegende sprachliche Begriffe kennen: Personalform

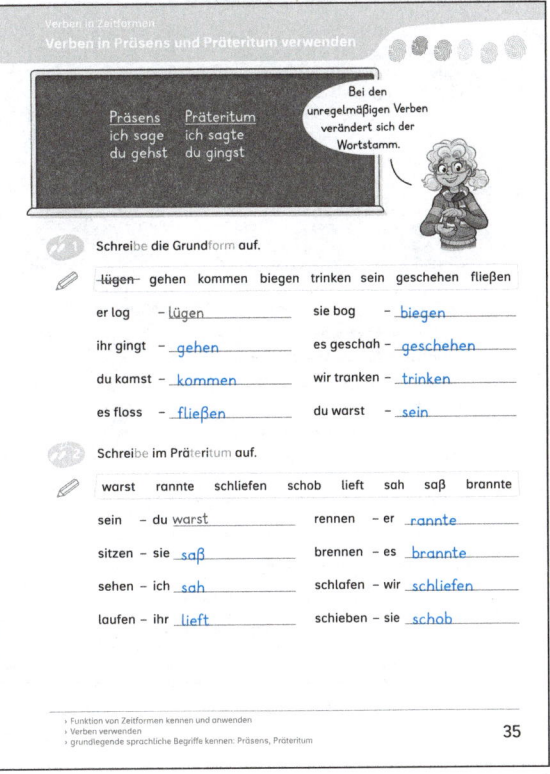

Verben in Zeitformen
Verben in Präsens und Präteritum verwenden

Präsens	Präteritum
ich sage	ich sagte
du gehst	du gingst

Bei den unregelmäßigen Verben verändert sich der Wortstamm.

1 Schreibe die Grundform auf.

~~lügen~~ gehen kommen biegen trinken sein geschehen fließen

er log – lügen   sie bog – biegen

ihr gingt – gehen   es geschah – geschehen

du kamst – kommen   wir tranken – trinken

es floss – fließen   du warst – sein

2 Schreibe im Präteritum auf.

warst rannte schliefen schob lief sah saß brannte

sein – du warst   rennen – er rannte

sitzen – sie saß   brennen – es brannte

sehen – ich sah   schlafen – wir schliefen

laufen – ihr lief   schieben – sie schob

35
› Funktion von Zeitformen kennen und anwenden
› Verben verwenden
› grundlegende sprachliche Begriffe kennen: Präsens, Präteritum

Verben in Zeitformen
Perfekt kennenlernen

Es gibt mehrere Vergangenheitsformen.

Präsens	Präteritum	Perfekt
ich gehe	ich ging	ich bin gegangen
ich lese	ich las	ich habe gelesen

Das Präteritum benutzt man in Texten. Das Perfekt benutzt man beim Sprechen.

Man braucht immer eine Form vom Hilfsverb haben oder sein. Verben, die eine Fortbewegung ausdrücken, werden mit dem Hilfsverb sein gebildet.

Wie wird das Perfekt gebildet? Das habe ich noch nicht genau verstanden.

36.1 Ergänze die Tabelle. Markiere.

Präsens	Präteritum	Perfekt
ich gehe	ich ging	ich **bin** gegangen
du gehst	du gingst	du **bist** gegangen
er geht	er ging	er **ist** gegangen
wir gehen	wir gingen	wir **sind** gegangen
ihr geht	ihr gingt	ihr **seid** gegangen
sie gehen	sie gingen	sie **sind** gegangen
ich lese	ich las	ich **habe** gelesen
du liest	du last	du **hast** gelesen
er liest	er las	er **hat** gelesen
wir lesen	wir lasen	wir **haben** gelesen
ihr lest	ihr last	ihr **habt** gelesen
sie lesen	sie lasen	sie **haben** gelesen

36
› Funktion von Zeitformen kennen und anwenden
› Verben verwenden
› grundlegende sprachliche Begriffe kennen: Perfekt

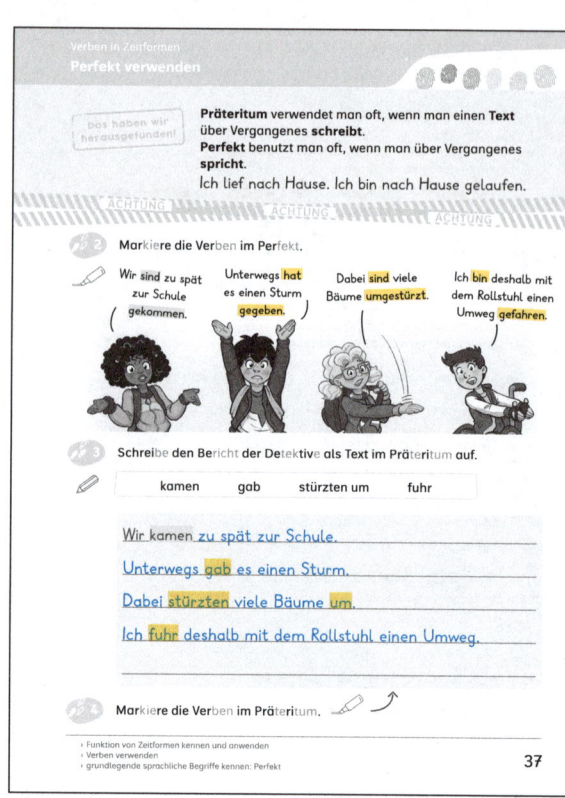

Verben in Zeitformen
Perfekt verwenden

das haben wir herausgefunden!

Präteritum verwendet man oft, wenn man einen **Text** über Vergangenes **schreibt**.
Perfekt benutzt man oft, wenn man über Vergangenes **spricht**.
Ich lief nach Hause. Ich bin nach Hause gelaufen.

37.2 Markiere die Verben im Perfekt.

Wir **sind** zu spät zur Schule gekommen.
Unterwegs **hat** es einen Sturm **gegeben**.
Dabei **sind** viele Bäume **umgestürzt**.
Ich **bin** deshalb mit dem Rollstuhl einen Umweg **gefahren**.

37.3 Schreibe den Bericht der Detektive als Text im Präteritum auf.

| kamen | gab | stürzten um | fuhr |

Wir kamen zu spät zur Schule.
Unterwegs gab es einen Sturm.
Dabei stürzten viele Bäume um.
Ich fuhr deshalb mit dem Rollstuhl einen Umweg.

37.4 Markiere die Verben im Präteritum.

37
› Funktion von Zeitformen kennen und anwenden
› Verben verwenden
› grundlegende sprachliche Begriffe kennen: Perfekt

Verben in Zeitformen
Futur kennenlernen

Kommt, wir machen einen Ausflug.
Nehmt die Regenjacken mit. Es wird bald regnen.

Vermutungen und **Vorhersagen** drückt man mit der **Zeitform Futur** aus. Futur wird mit der Personalform von werden und einem Verb in der Grundform gebildet.

Paul, bist du Hellseher?

Futur

38.1 Markiere die Personalformen von werden und das Verb in der Grundform.

Ich **werde** meine Regenjacke **mitnehmen**.
Du **wirst** deine Regenjacke **mitnehmen**.
Er **wird** seine Regenjacke **mitnehmen**.
Wir **werden** unsere Regenjacken **mitnehmen**.
Ihr **werdet** eure Regenjacken **mitnehmen**.
Sie **werden** ihre Regenjacken **mitnehmen**.

38.2 Ergänze die Personalform von werden. Markiere.

Die Detektive **werden** ein Museum **besuchen**.
Der Eintritt **wird** 5 € pro Person **kosten**.
Sie **werden** an einem Workshop **teilnehmen**.
Eine Museumspädagogin **wird** sie anleiten.
Jeder **wird** sein Produkt nach Hause mitnehmen.

38
› Funktionen von Zeitformen kennen und anwenden
› Verben verwenden
› grundlegende sprachliche Begriffe kennen: Futur

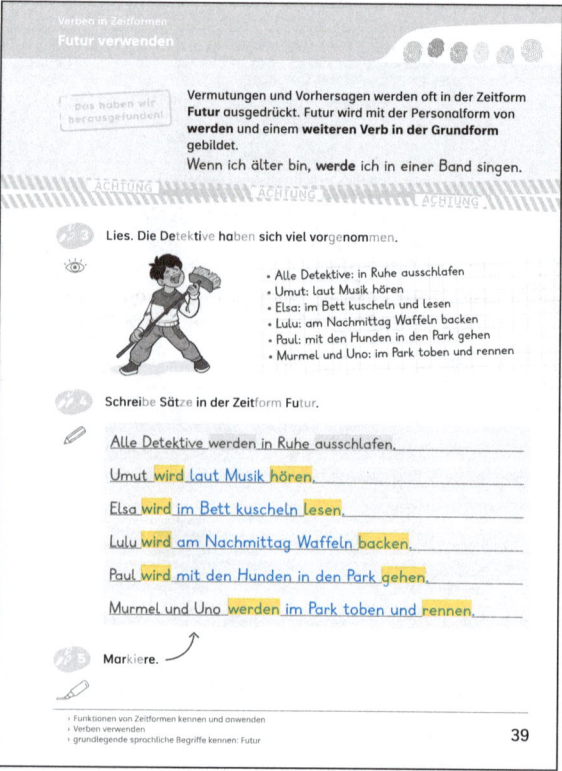

Verben in Zeitformen
Futur verwenden

das haben wir herausgefunden!

Vermutungen und Vorhersagen werden oft in der Zeitform **Futur** ausgedrückt. Futur wird mit der Personalform von **werden** und einem **weiteren Verb in der Grundform** gebildet.
Wenn ich älter bin, **werde** ich in einer Band singen.

39.3 Lies. Die Detektive haben sich viel vorgenommen.

• Alle Detektive: in Ruhe ausschlafen
• Umut: laut Musik hören
• Elsa: im Bett kuscheln und lesen
• Lulu: am Nachmittag Waffeln backen
• Paul: mit den Hunden in den Park gehen
• Murmel und Uno: im Park toben und rennen

39.4 Schreibe Sätze in der Zeitform Futur.

Alle Detektive werden in Ruhe ausschlafen.
Umut wird laut Musik hören.
Elsa wird im Bett kuscheln lesen.
Lulu wird am Nachmittag Waffeln backen.
Paul wird mit den Hunden in den Park gehen.
Murmel und Uno werden im Park toben und rennen.

39.5 Markiere.

39
› Funktionen von Zeitformen kennen und anwenden
› Verben verwenden
› grundlegende sprachliche Begriffe kennen: Futur

© Westermann Gruppe

Verben in Zeitformen
Verben in unterschiedlichen Zeiten verwenden

Es hat vor einer Stunde geregnet. — **Perfekt**
Es wird bald regnen. — **Futur**
Es regnet. — **Präsens**
Es regnete. — **Präteritum**

1 Verbinde die Sätze mit der richtigen Zeitform.
Ich komme. — Perfekt
Ich bin gekommen. — Präteritum
Ich werde kommen. — Präsens
Ich kam. — Futur

2 Ergänze die richtige Zeitform.

aß   wird essen   hat gegessen   isst

Präsens: Umut __isst__ Waffeln mit Sahne.
Präteritum: Umut __aß__ Waffeln mit Sahne.
Perfekt: Umut __hat__ Waffeln mit Sahne __gegessen__.
Futur: Umut __wird__ Waffeln mit Sahne __essen__.

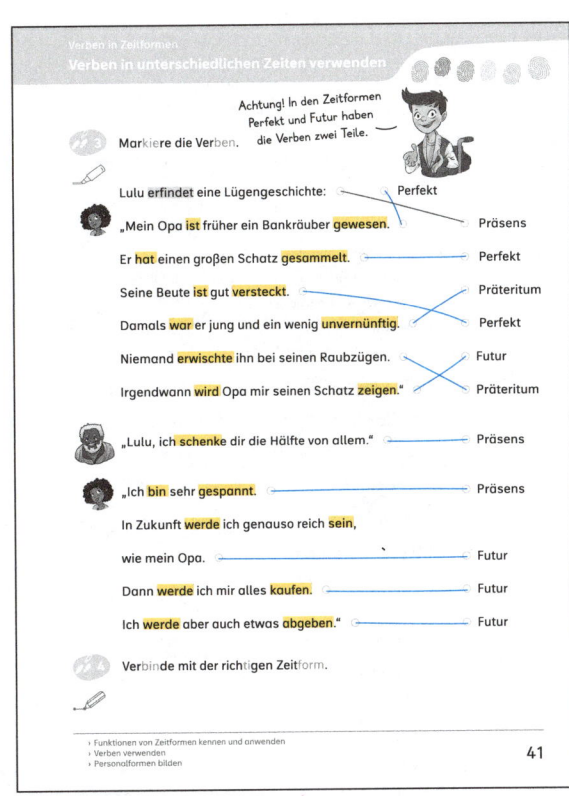

Verben in Zeitformen
Verben in unterschiedlichen Zeiten verwenden

Achtung! In den Zeitformen Perfekt und Futur haben die Verben zwei Teile.

3 Markiere die Verben.

Lulu **erfindet** eine Lügengeschichte: — Perfekt

„Mein Opa **ist** früher ein Bankräuber **gewesen**. — Präsens
Er **hat** einen großen Schatz **gesammelt**. — Perfekt
Seine Beute **ist** gut **versteckt**. — Präteritum
Damals **war** er jung und ein wenig **unvernünftig**. — Perfekt
Niemand **erwischte** ihn bei seinen Raubzügen. — Futur
Irgendwann **wird** Opa mir seinen Schatz **zeigen**." — Präteritum

„Lulu, ich **schenke** dir die Hälfte von allem." — Präsens

„Ich **bin** sehr **gespannt**. — Präsens
In Zukunft **werde** ich genauso reich **sein**, wie mein Opa. — Futur
Dann **werde** ich mir alles **kaufen**. — Futur
Ich **werde** aber auch etwas **abgeben**." — Futur

4 Verbinde mit der richtigen Zeitform.

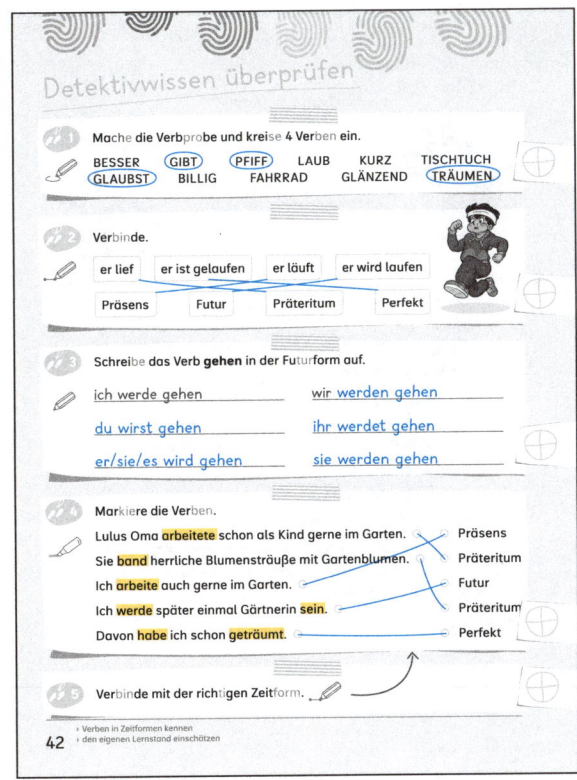

Detektivwissen überprüfen

1 Mache die Verbprobe und kreise 4 Verben ein.
BESSER (GIBT) (PFIFF) LAUB KURZ TISCHTUCH
(GLAUBST) BILLIG FAHRRAD GLÄNZEND (TRÄUMEN)

2 Verbinde.

| er lief | er ist gelaufen | er läuft | er wird laufen |

Präsens   Futur   Präteritum   Perfekt

3 Schreibe das Verb **gehen** in der Futurform auf.
ich werde gehen   wir werden gehen
du wirst gehen   ihr werdet gehen
er/sie/es wird gehen   sie werden gehen

4 Markiere die Verben.
Lulus Oma **arbeitete** schon als Kind gerne im Garten. — Präsens
Sie **band** herrliche Blumensträuße mit Gartenblumen. — Präteritum
Ich **arbeite** auch gerne im Garten. — Futur
Ich **werde** später einmal Gärtnerin **sein**. — Präteritum
Davon **habe** ich schon **geträumt**. — Perfekt

5 Verbinde mit der richtigen Zeitform.

Spurensicherung: Der 4. Hinweis!

Auf der Futterschachtel ist der Sticker eines Jugendzentrums. Eine neue Spur! Uno schnuppert an der Schachtel. Inzwischen entschuldigt sich Franzi, dass sie den Käfig im Flur abgestellt hat. „Das Wartezimmer war voll, und ich musste zur Ballettstunde. Als ich zurückkam, war die Praxis schon zu, aber der Käfig stand nicht mehr im Flur. Das habe ich durch die Glasscheibe gesehen. Ich dachte, Dr. Grün hätte den Käfig gefunden." Franzi hat leider keinen Verdacht, wer ihr den Käfig vor die Tür gestellt haben könnte. TEAM LUPE fährt zum Jugendzentrum. Die Kinder legen im Garten ein Beet an. Auf der Wiese hoppelt ein Kaninchen, und ein Junge reinigt gerade den Kaninchenstall. „Seht nur, sein Arm!", flüstert Umut.

? Was ist auf dem Arm des Jungen zu sehen? Die letzten Buchstaben der Bilder verraten es dir.

☐ Pflaster   ☒ Tattoo
4a   4b

© Westermann Gruppe

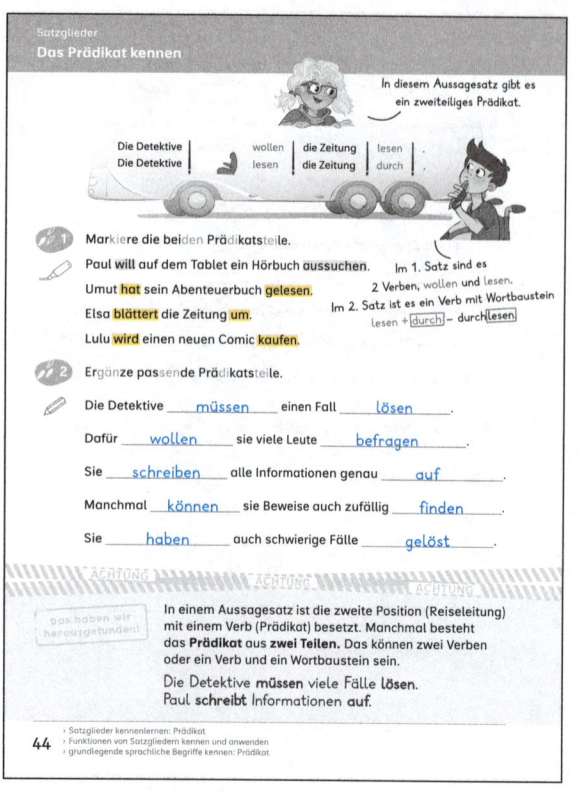

Satzglieder
Das Prädikat kennen

In diesem Aussagesatz gibt es ein zweiteiliges Prädikat.

| Die Detektive | wollen | die Zeitung | lesen |
| Die Detektive | lesen | die Zeitung | durch |

1 Markiere die beiden Prädikatsteile.

Paul **will** auf dem Tablet ein Hörbuch **aussuchen**.
Umut **hat** sein Abenteuerbuch **gelesen**.
Elsa **blättert** die Zeitung **um**.
Lulu **wird** einen neuen Comic **kaufen**.

Im 1. Satz sind es 2 Verben, wollen und lesen.
Im 2. Satz ist es ein Verb mit Wortbaustein lesen + durch – durchlesen

2 Ergänze passende Prädikatsteile.

Die Detektive _____müssen_____ einen Fall _____lösen_____.
Dafür _____wollen_____ sie viele Leute _____befragen_____.
Sie _____schreiben_____ alle Informationen genau _____auf_____.
Manchmal _____können_____ sie Beweise auch zufällig _____finden_____.
Sie _____haben_____ auch schwierige Fälle _____gelöst_____.

Das haben wir herausgefunden! In einem Aussagesatz ist die zweite Position (Reiseleitung) mit einem Verb (Prädikat) besetzt. Manchmal besteht das **Prädikat** aus **zwei Teilen**. Das können zwei Verben oder ein Verb und ein Wortbaustein sein.
Die Detektive **müssen** viele Fälle **lösen**.
Paul **schreibt** Informationen **auf**.

44 › Satzglieder kennenlernen: Prädikat
› Funktionen von Satzgliedern kennen und anwenden
› grundlegende sprachliche Begriffe kennen: Prädikat

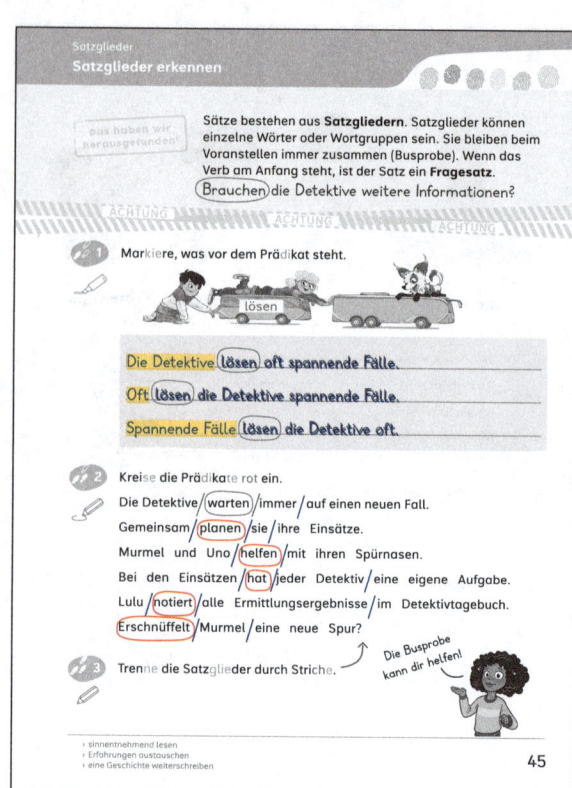

Satzglieder
Satzglieder erkennen

Das haben wir herausgefunden! Sätze bestehen aus **Satzgliedern**. Satzglieder können einzelne Wörter oder Wortgruppen sein. Sie bleiben beim Voranstellen immer zusammen (Busprobe). Wenn das Verb am Anfang steht, ist der Satz ein **Fragesatz**.
Brauchen die Detektive weitere Informationen?

1 Markiere, was vor dem Prädikat steht.

Die Detektive lösen oft spannende Fälle.
Oft lösen die Detektive spannende Fälle.
Spannende Fälle lösen die Detektive oft.

2 Kreise die Prädikate rot ein.

Die Detektive warten immer auf einen neuen Fall.
Gemeinsam planen sie ihre Einsätze.
Murmel und Uno helfen mit ihren Spürnasen.
Bei den Einsätzen hat jeder Detektiv eine eigene Aufgabe.
Lulu notiert alle Ermittlungsergebnisse im Detektivtagebuch.
Erschnüffelt Murmel eine neue Spur?

3 Trenne die Satzglieder durch Striche.

Die Busprobe kann dir helfen!

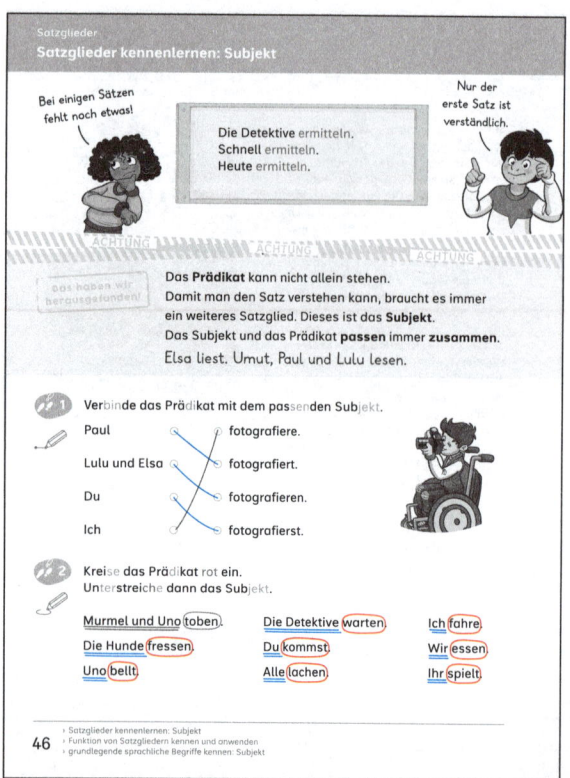

Satzglieder
Satzglieder kennenlernen: Subjekt

Bei einigen Sätzen fehlt noch etwas!

Die Detektive ermitteln.
Schnell ermitteln.
Heute ermitteln.

Nur der erste Satz ist verständlich.

Das haben wir herausgefunden! Das **Prädikat** kann nicht allein stehen.
Damit man den Satz verstehen kann, braucht es immer ein weiteres Satzglied. Dieses ist das **Subjekt**.
Das Subjekt und das Prädikat **passen** immer **zusammen**.
Elsa liest. Umut, Paul und Lulu lesen.

1 Verbinde das Prädikat mit dem passenden Subjekt.

Paul — fotografiere.
Lulu und Elsa — fotografiert.
Du — fotografieren.
Ich — fotografierst.

2 Kreise das Prädikat rot ein. Unterstreiche dann das Subjekt.

Murmel und Uno toben.   Die Detektive warten.   Ich fahre.
Die Hunde fressen.   Du kommst.   Wir essen.
Uno bellt.   Alle lachen.   Ihr spielt.

46 › Satzglieder kennenlernen: Subjekt
› Funktion von Satzgliedern kennen und anwenden
› grundlegende sprachliche Begriffe kennen: Subjekt

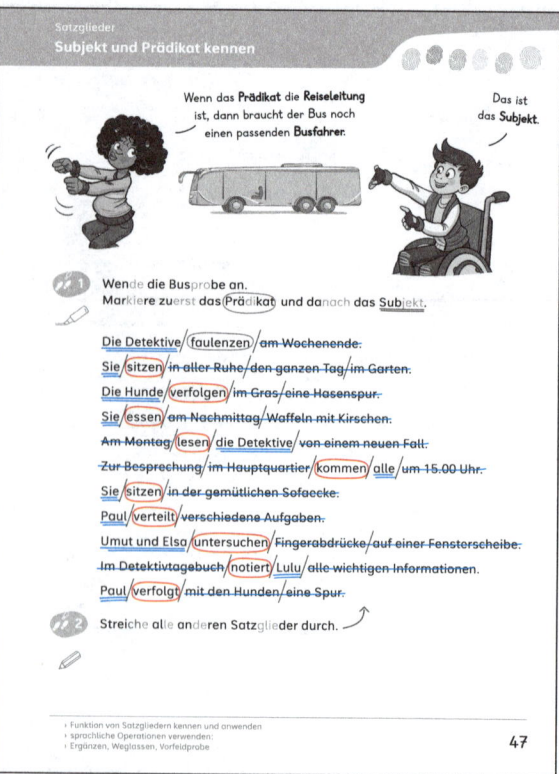

Satzglieder
Subjekt und Prädikat kennen

Wenn das Prädikat die **Reiseleitung** ist, dann braucht der Bus noch einen passenden **Busfahrer**.

Das ist das **Subjekt**.

1 Wende die Busprobe an.
Markiere zuerst das **Prädikat** und danach das **Subjekt**.

Die Detektive faulenzen am Wochenende.
Sie sitzen in aller Ruhe den ganzen Tag im Garten.
Die Hunde verfolgen im Gras eine Hasenspur.
Sie essen am Nachmittag Waffeln mit Kirschen.
Am Montag lesen die Detektive von einem neuen Fall.
Zur Besprechung im Hauptquartier kommen alle um 15.00 Uhr.
Sie sitzen in der gemütlichen Sofaecke.
Paul verteilt verschiedene Aufgaben.
Umut und Elsa untersuchen Fingerabdrücke auf einer Fensterscheibe.
Im Detektivtagebuch notiert Lulu alle wichtigen Informationen.
Paul verfolgt mit den Hunden eine Spur.

2 Streiche alle anderen Satzglieder durch.

47 › Funktion von Satzgliedern kennen und anwenden
› sprachliche Operationen verwenden:
› Ergänzen, Weglassen, Vorfeldprobe

© Westermann Gruppe

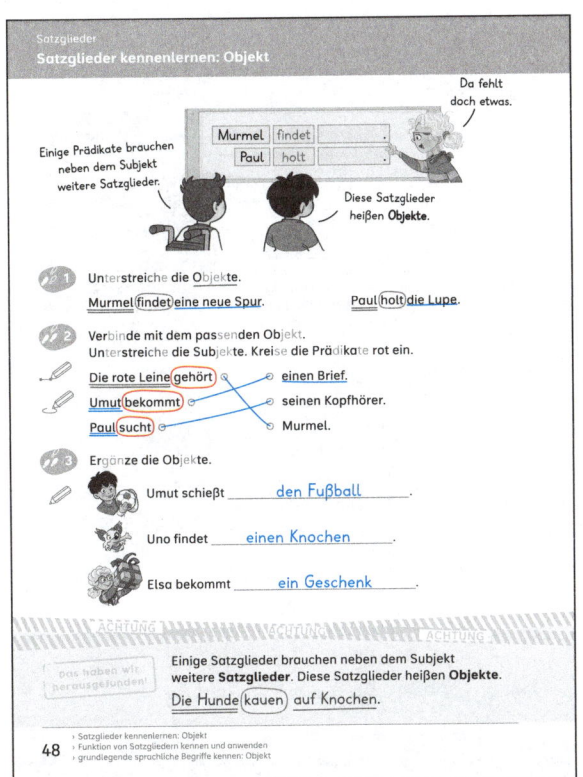

Satzglieder
Satzglieder kennenlernen: Objekt

Einige Prädikate brauchen neben dem Subjekt weitere Satzglieder.

Diese Satzglieder heißen **Objekte**.

Da fehlt doch etwas.

| Murmel | findet | . |
| Paul | holt | . |

1 Unterstreiche die Objekte.

Murmel (findet) eine neue Spur.   Paul (holt) die Lupe.

2 Verbinde mit dem passenden Objekt.
Unterstreiche die Subjekte. Kreise die Prädikate rot ein.

Die rote Leine (gehört) ○ — ○ einen Brief.
Umut (bekommt) ○ — ○ seinen Kopfhörer.
Paul (sucht) ○ — ○ Murmel.

3 Ergänze die Objekte.

Umut schießt ____den Fußball____.

Uno findet ____einen Knochen____.

Elsa bekommt ____ein Geschenk____.

Das haben wir herausgefunden!
Einige Satzglieder brauchen neben dem Subjekt weitere **Satzglieder**. Diese Satzglieder heißen **Objekte**.
Die Hunde (kauen) auf Knochen.

48
› Satzglieder kennenlernen: Objekt
› Funktion von Satzgliedern kennen und anwenden
› grundlegende sprachliche Begriffe kennen: Objekt

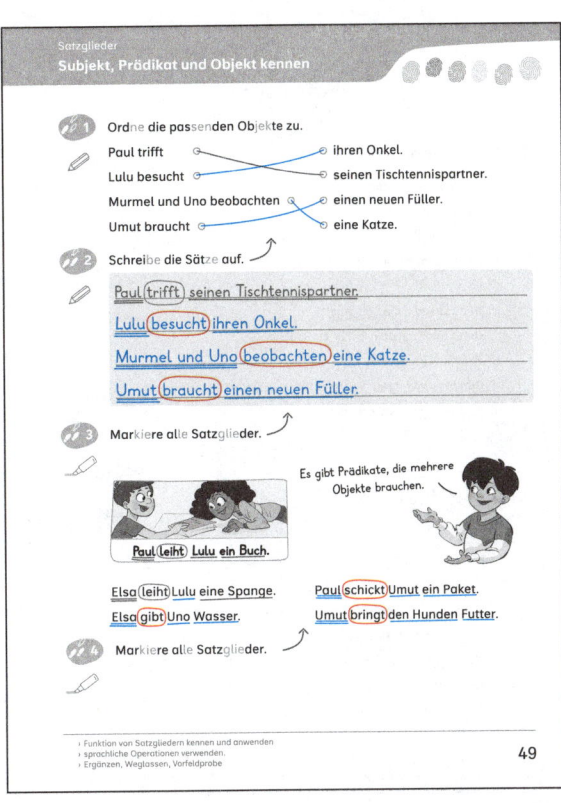

Satzglieder
Subjekt, Prädikat und Objekt kennen

1 Ordne die passenden Objekte zu.

Paul trifft ○   ○ ihren Onkel.
Lulu besucht ○   ○ seinen Tischtennispartner.
Murmel und Uno beobachten ○   ○ einen neuen Füller.
Umut braucht ○   ○ eine Katze.

2 Schreibe die Sätze auf.

Paul (trifft) seinen Tischtennispartner.
Lulu (besucht) ihren Onkel.
Murmel und Uno (beobachten) eine Katze.
Umut (braucht) einen neuen Füller.

3 Markiere alle Satzglieder.

Es gibt Prädikate, die mehrere Objekte brauchen.

Paul (leiht) Lulu ein Buch.

Elsa (leiht) Lulu eine Spange.   Paul (schickt) Umut ein Paket.
Elsa (gibt) Uno Wasser.   Umut (bringt) den Hunden Futter.

4 Markiere alle Satzglieder.

› Funktion von Satzgliedern kennen und anwenden
› sprachliche Operationen verwenden:
› Ergänzen, Weglassen, Vorfeldprobe
49

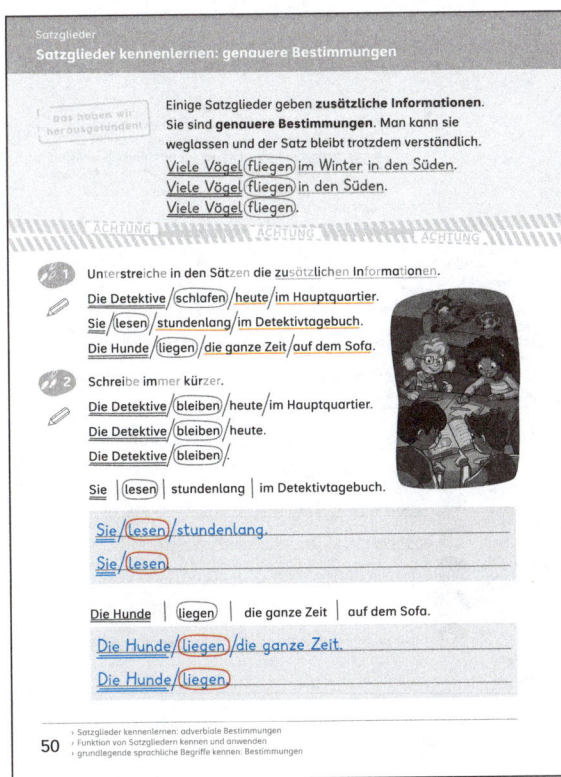

Satzglieder
Satzglieder kennenlernen: genauere Bestimmungen

Das haben wir herausgefunden!
Einige Satzglieder geben **zusätzliche Informationen**. Sie sind **genauere Bestimmungen**. Man kann sie weglassen und der Satz bleibt trotzdem verständlich.
Viele Vögel (fliegen) im Winter in den Süden.
Viele Vögel (fliegen) in den Süden.
Viele Vögel (fliegen).

1 Unterstreiche in den Sätzen die zusätzlichen Informationen.

Die Detektive /schlafen /heute /im Hauptquartier.
Sie /lesen /stundenlang /im Detektivtagebuch.
Die Hunde (liegen) /die ganze Zeit /auf dem Sofa.

2 Schreibe immer kürzer.

Die Detektive /bleiben /heute /im Hauptquartier.
Die Detektive /bleiben /heute.
Die Detektive /bleiben /.

Sie | lesen | stundenlang | im Detektivtagebuch.

Sie /(lesen) /stundenlang.
Sie /(lesen)

Die Hunde | liegen | die ganze Zeit | auf dem Sofa.

Die Hunde /(liegen) /die ganze Zeit.
Die Hunde /(liegen)

50
› Satzglieder kennenlernen: adverbiale Bestimmungen
› Funktion von Satzgliedern kennen und anwenden
› grundlegende sprachliche Begriffe kennen: Bestimmungen

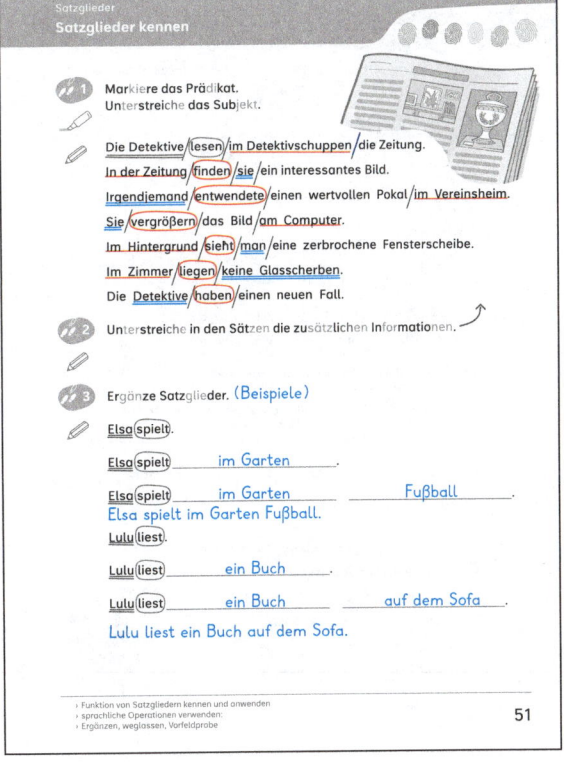

Satzglieder
Satzglieder kennen

1 Markiere das Prädikat.
Unterstreiche das Subjekt.

Die Detektive /lesen /im Detektivschuppen /die Zeitung.
In der Zeitung /finden /sie /ein interessantes Bild.
Irgendjemand /entwendete /einen wertvollen Pokal /im Vereinsheim.
Sie /vergrößern /das Bild /am Computer.
Im Hintergrund /sieht /man /eine zerbrochene Fensterscheibe.
Im Zimmer /liegen /keine Glasscherben.
Die Detektive /haben /einen neuen Fall.

2 Unterstreiche in den Sätzen die zusätzlichen Informationen.

3 Ergänze Satzglieder. (Beispiele)

Elsa (spielt).
Elsa (spielt) ____im Garten____.
Elsa (spielt) ____im Garten____ ____Fußball____.
Elsa spielt im Garten Fußball.
Lulu (liest).
Lulu (liest) ____ein Buch____.
Lulu (liest) ____ein Buch____ ____auf dem Sofa____.
Lulu liest ein Buch auf dem Sofa.

› Funktion von Satzgliedern kennen und anwenden
› sprachliche Operationen verwenden:
› Ergänzen, weglassen, Vorfeldprobe
51

© Westermann Gruppe

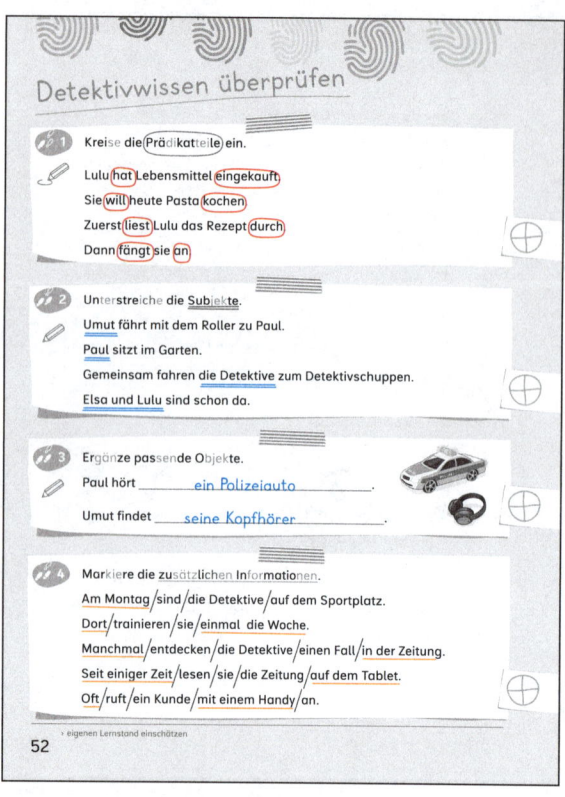

Detektivwissen überprüfen

1 Kreise die Prädikatteile ein.

Lulu hat Lebensmittel eingekauft.

Sie will heute Pasta kochen.

Zuerst liest Lulu das Rezept durch.

Dann fängt sie an.

2 Unterstreiche die Subjekte.

Umut fährt mit dem Roller zu Paul.

Paul sitzt im Garten.

Gemeinsam fahren die Detektive zum Detektivschuppen.

Elsa und Lulu sind schon da.

3 Ergänze passende Objekte.

Paul hört _____ein Polizeiauto_____

Umut findet _____seine Kopfhörer_____

4 Markiere die zusätzlichen Informationen.

Am Montag/sind/die Detektive/auf dem Sportplatz.

Dort/trainieren/sie/einmal die Woche.

Manchmal/entdecken/die Detektive/einen Fall/in der Zeitung.

Seit einiger Zeit/lesen/sie/die Zeitung/auf dem Tablet.

Oft/ruft/ein Kunde/mit einem Handy/an.

Spurensicherung: Der 5. Hinweis!

„Hi!", sagt Paul zu dem Jungen. „Ich bin Paul. Das Tattoo auf deinem Arm ist cool." Der Junge wird rot. „Danke", sagt er. „Ich bin Lars." Elsa lächelt. „Dein Hamster heißt Teddy, oder? Wir haben ihn gefunden. Es geht ihm gut." „Echt? Ich hab mir so Sorgen um ihn gemacht!" Lars strahlt. Er will mit den Kindern reden, aber nicht im Jugendzentrum. „Kommt mit!", zischt er und läuft los. „He, nicht so schnell!", ruft Umut. Dann stürmt er mit seinen Freunden hinterher. Lars läuft über eine Wiese auf einen kleinen Wald zu. Plötzlich ist er verschwunden. „Ich bin hier!", hören sie Lars jetzt rufen.

? Wo ist Lars hingelaufen? Spure die Wege des Labyrinths nach.

Holzturm	☒ Baumhaus
5a	5b

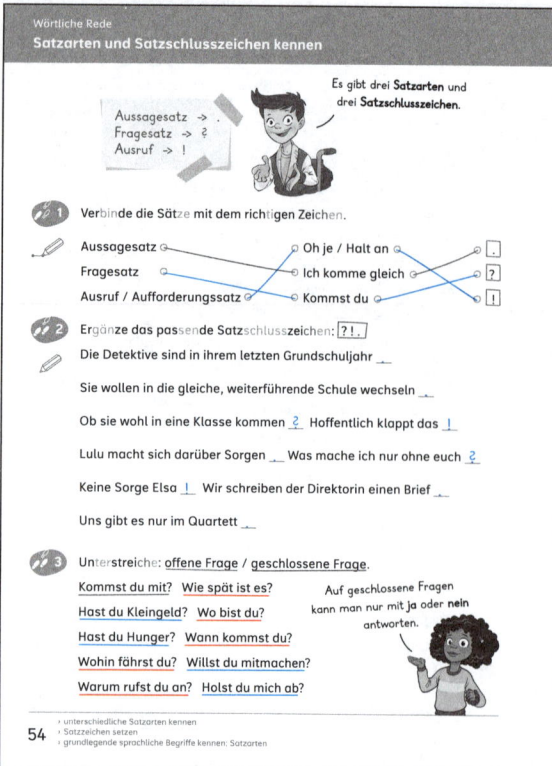

Wörtliche Rede
Satzarten und Satzschlusszeichen kennen

Es gibt drei Satzarten und drei Satzschlusszeichen.

Aussagesatz → .
Fragesatz → ?
Ausruf → !

1 Verbinde die Sätze mit dem richtigen Zeichen.

Aussagesatz — Oh je / Halt an — .

Fragesatz — Ich komme gleich — ?

Ausruf / Aufforderungssatz — Kommst du — !

2 Ergänze das passende Satzschlusszeichen: ? ! .

Die Detektive sind in ihrem letzten Grundschuljahr __.

Sie wollen in die gleiche, weiterführende Schule wechseln __.

Ob sie wohl in eine Klasse kommen ? Hoffentlich klappt das !

Lulu macht sich darüber Sorgen __. Was mache ich nur ohne euch ?

Keine Sorge Elsa ! Wir schreiben der Direktorin einen Brief __.

Uns gibt es nur im Quartett __.

3 Unterstreiche: offene Frage / geschlossene Frage.

Kommst du mit? Wie spät ist es?

Hast du Kleingeld? Wo bist du?

Hast du Hunger? Wann kommst du?

Wohin fährst du? Willst du mitmachen?

Warum rufst du an? Holst du mich ab?

Auf geschlossene Fragen kann man nur mit ja oder nein antworten.

54 › unterschiedliche Satzarten kennen
› Satzzeichen setzen
› grundlegende sprachliche Begriffe kennen: Satzarten

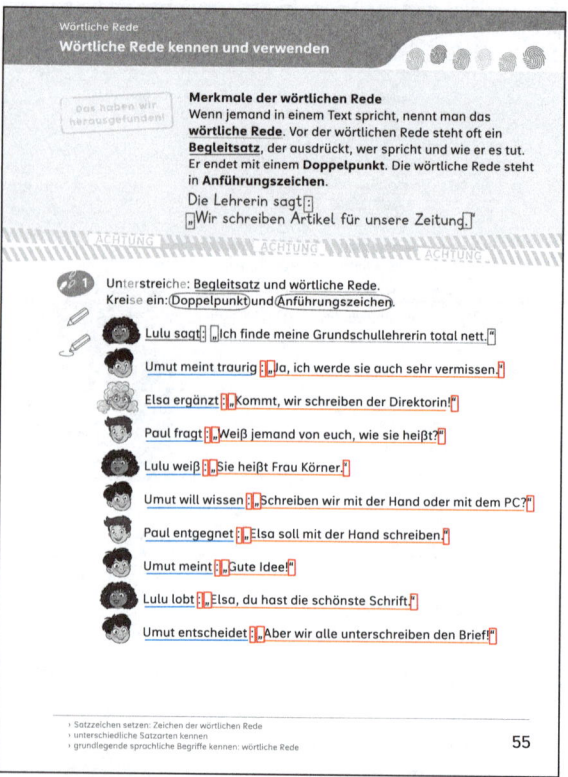

Wörtliche Rede
Wörtliche Rede kennen und verwenden

Das haben wir herausgefunden!

Merkmale der wörtlichen Rede
Wenn jemand in einem Text spricht, nennt man das **wörtliche Rede**. Vor der wörtlichen Rede steht oft ein **Begleitsatz**, der ausdrückt, wer spricht und wie er es tut. Er endet mit einem **Doppelpunkt**. Die wörtliche Rede steht in **Anführungszeichen**.
Die Lehrerin sagt:
„Wir schreiben Artikel für unsere Zeitung."

1 Unterstreiche: Begleitsatz und wörtliche Rede.
Kreise ein: Doppelpunkt und Anführungszeichen.

Lulu sagt: „Ich finde meine Grundschullehrerin total nett."

Umut meint traurig: „Ja, ich werde sie auch sehr vermissen."

Elsa ergänzt: „Kommt, wir schreiben der Direktorin!"

Paul fragt: „Weiß jemand von euch, wie sie heißt?"

Lulu weiß: „Sie heißt Frau Körner."

Umut will wissen: „Schreiben wir mit der Hand oder mit dem PC?"

Paul entgegnet: „Elsa soll mit der Hand schreiben."

Umut meint: „Gute Idee!"

Lulu lobt: „Elsa, du hast die schönste Schrift."

Umut entscheidet: „Aber wir alle unterschreiben den Brief!"

› Satzzeichen setzen: Zeichen der wörtlichen Rede
› unterschiedliche Satzarten kennen
› grundlegende sprachliche Begriffe kennen: wörtliche Rede
55

© Westermann Gruppe

© Westermann Gruppe

Panel 56

Wörtliche Rede
Wörtliche Rede mit nachgestelltem Begleitsatz kennenlernen

Umut schlägt vor:
„Elsa soll mit der Hand schreiben."
„Elsa soll mit der Hand schreiben",
schlägt Umut vor.

Der Begleitsatz kann vor oder hinter der wörtlichen Rede stehen.

Das haben wir herausgefunden!

Merkmale der wörtlichen Rede
Manchmal steht der **Begleitsatz** hinter der wörtlichen Rede.
Er wird mit einem **Komma** abgetrennt und endet mit einem Punkt:

„Oh, nein!" ruft Sara. „Was ist passiert?" fragt Finn.

Wenn in der wörtlichen Rede ein Aussagesatz steht,
fällt der Punkt weg:

„Mein Bleistift ist abgebrochen", erklärt Sara.

1 Lies.
Unterstreiche: Begleitsatz und wörtliche Rede.
Kreise ein: Komma und Anführungszeichen.

Die Sekretärin sagt: „Frau Körner, hier ist ein Brief für Sie angekommen."
„Da hat aber jemand eine sehr schöne Handschrift", entgegnet Frau
Körner. „Interessant!" murmelt Frau Körner vor sich hin.
Sie sagt zur Sekretärin: „Da schreiben mir zukünftige
Schülerinnen und Schüler unserer Schule."
„Sie nennen sich Team Lupe und bitten darum,
gemeinsam in eine Klasse zu kommen",
berichtet Frau Körner.

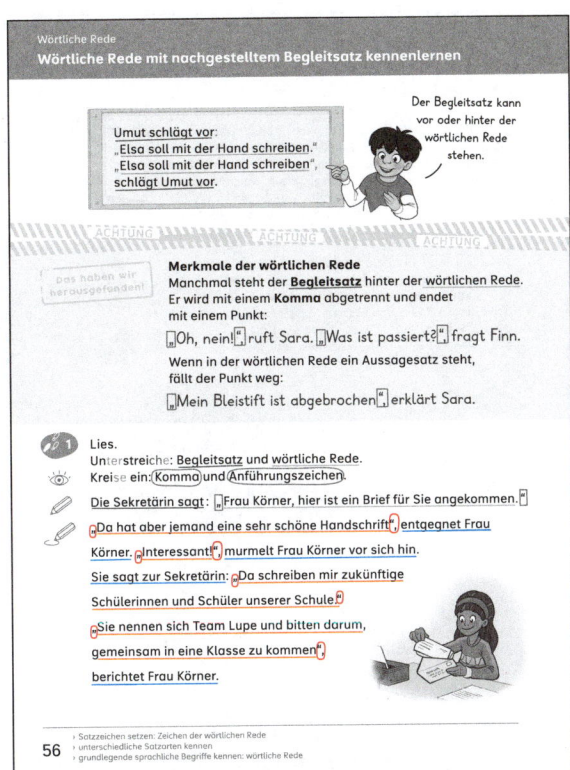

› Satzzeichen setzen: Zeichen der wörtlichen Rede
› unterschiedliche Satzarten kennen
› grundlegende sprachliche Begriffe kennen: wörtliche Rede

56

Panel 57

Wörtliche Rede
Wörtliche Rede mit nachgestelltem Begleitsatz

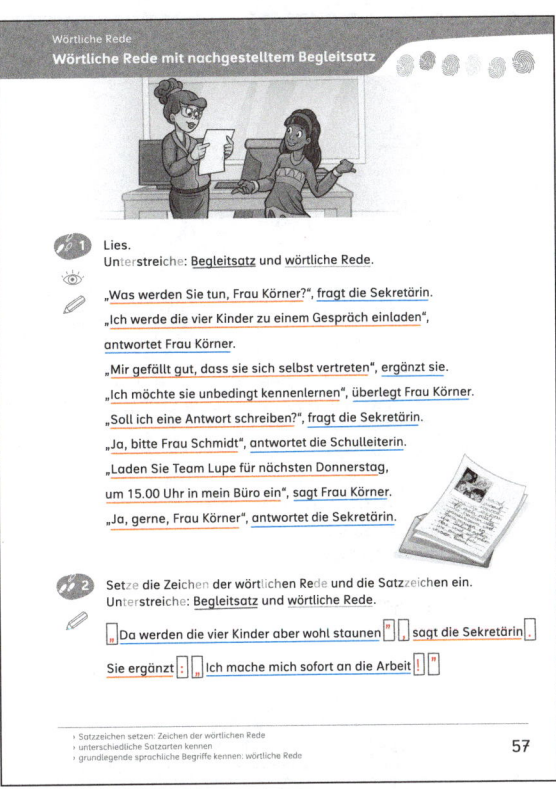

1 Lies.
Unterstreiche: Begleitsatz und wörtliche Rede.

„Was werden sie tun, Frau Körner?", fragt die Sekretärin.
„Ich werde die vier Kinder zu einem Gespräch einladen",
antwortet Frau Körner.
„Mir gefällt gut, dass sie sich selbst vertreten", ergänzt sie.
„Ich möchte sie unbedingt kennenlernen", überlegt Frau Körner.
„Soll ich eine Antwort schreiben?", fragt die Sekretärin.
„Ja, bitte Frau Schmidt", antwortet die Schulleiterin.
„Laden Sie Team Lupe für nächsten Donnerstag,
um 15.00 Uhr in mein Büro ein", sagt Frau Körner.
„Ja, gerne, Frau Körner", antwortet die Sekretärin.

2 Setze die Zeichen der wörtlichen Rede und die Satzzeichen ein.
Unterstreiche: Begleitsatz und wörtliche Rede.

„Da werden die vier Kinder aber wohl staunen", sagt die Sekretärin.
Sie ergänzt: „Ich mache mich sofort an die Arbeit!"

› Satzzeichen setzen: Zeichen der wörtlichen Rede
› unterschiedliche Satzarten kennen
› grundlegende sprachliche Begriffe kennen: wörtliche Rede

57

Panel 58

Wörtliche Rede
Wörtliche Rede verwenden

vorangestellter Begleitsatz
1. Begleitsatz : „ Aussagesatz . "
2. Begleitsatz : „ Fragesatz ? "
3. Begleitsatz : „ Ausruf/Aufforderung ! "

nachgestellter Begleitsatz
4. „ Aussagesatz ", Begleitsatz .
5. „ Fragesatz ?", Begleitsatz .
6. „ Ausruf/Aufforderung !", Begleitsatz .

1 Lies das Plakat.
Welcher Satz passt zu welcher Nummer des Plakats?
Trage die Nummern ein.

1 Elsa sagt: „Wir haben eine Antwort von der Direktorin."

6 „Wow, toll!", ruft Umut.

5 „Was schreibt sie?", will Lulu wissen.

3 Paul ruft: „Oh, ich bin so aufgeregt!"

4 „Moment, ich muss den Brief erst öffnen", erklärt Elsa.

3 Elsa jubelt: „Hurra, sie lädt uns zu einem Gespräch ein!"

3 Umut staunt: „Ui, das ist ja schon am Donnerstag!"

1 Lulu ergänzt: „Wir sollten uns über die Schule informieren."

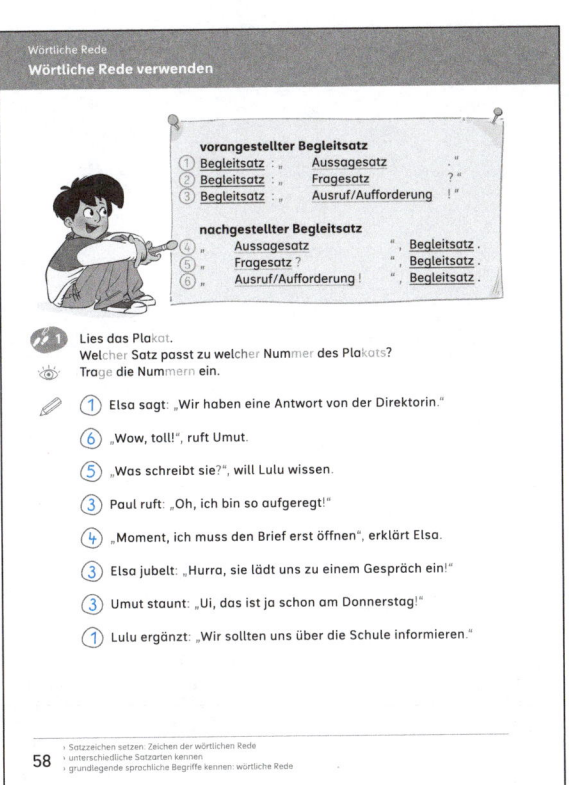

58

› Satzzeichen setzen: Zeichen der wörtlichen Rede
› unterschiedliche Satzarten kennen
› grundlegende sprachliche Begriffe kennen: wörtliche Rede

Panel 59

Wörtliche Rede
Wörtliche Rede verwenden

2 Setze die Zeichen der wörtlichen Rede und die Satzzeichen ein.
Unterstreiche: Begleitsatz und wörtliche Rede.

Elsa sagt: „Wir müssen uns gute Gründe überlegen,
warum wir unbedingt zusammenbleiben wollen!"
Paul meint: „Ja, lasst und eine Liste anlegen!"
„Vielleicht können wir der Direktorin die Liste geben?", überlegt er.
Umut fragt: „Können wir die Hunde mit zum Gespräch nehmen?"
Lulu erwidert: „Nein Umut, auf keinen Fall!"
„Wir wollen einen sehr guten Eindruck hinterlassen", ergänzt sie.
Paul findet: „Deshalb müssen wir uns gut vorbereiten."
Umut fordert auf: „Also, los!"
„Ich notiere alles", sagt Elsa.

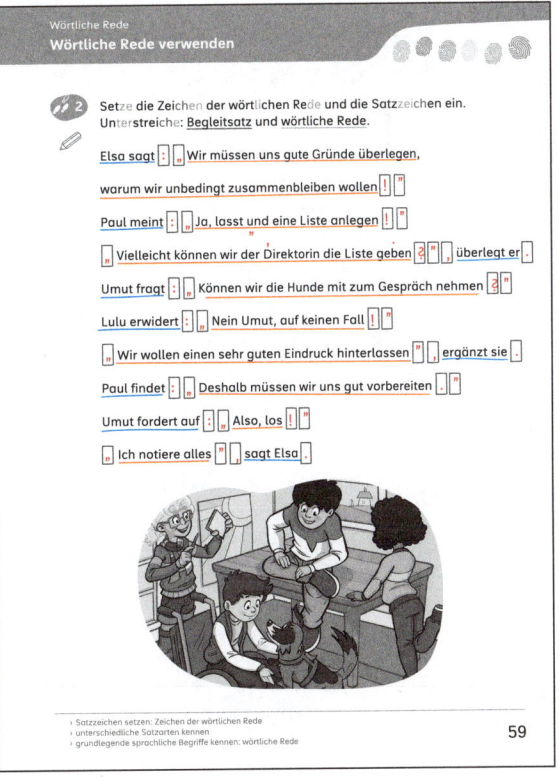

› Satzzeichen setzen: Zeichen der wörtlichen Rede
› unterschiedliche Satzarten kennen
› grundlegende sprachliche Begriffe kennen: wörtliche Rede

59

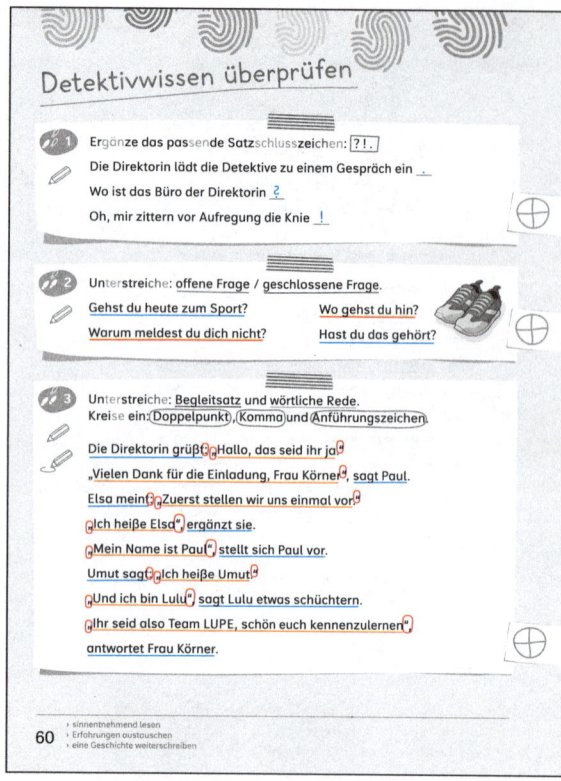

Detektivwissen überprüfen

1 Ergänze das passende Satzschlusszeichen: **? ! .**

Die Direktorin lädt die Detektive zu einem Gespräch ein **.**

Wo ist das Büro der Direktorin **?**

Oh, mir zittern vor Aufregung die Knie **!**

2 Unterstreiche: offene Frage / geschlossene Frage.

<u>Gehst du heute zum Sport?</u> <u>Wo gehst du hin?</u>

<u>Warum meldest du dich nicht?</u> <u>Hast du das gehört?</u>

3 Unterstreiche: Begleitsatz und wörtliche Rede.
Kreise ein: Doppelpunkt, Komma und Anführungszeichen.

Die Direktorin grüßt **:** „Hallo, das seid ihr ja"

„Vielen Dank für die Einladung, Frau Körner", sagt Paul.

Elsa meint **:** „Zuerst stellen wir uns einmal vor"

„Ich heiße Elsa" ergänzt sie.

„Mein Name ist Paul", stellt sich Paul vor.

Umut sagt **:** „Ich heiße Umut"

„Und ich bin Lulu", sagt Lulu etwas schüchtern.

„Ihr seid also Team LUPE, schön euch kennenzulernen",
antwortet Frau Körner.

Spurensicherung: Der 6. Hinweis!

Elsa ruft Lars im Baumhaus zu: „Warum hast du Teddy ausgesetzt?"
Lars erzählt. Er hat Teddy zum Geburtstag bekommen. Am Anfang
hat er den Käfig gereinigt, dann musste seine Mama das übernehmen.
Als der Hamster sich auch noch erkältete, wurde sie wütend. Sie hatte
keine Zeit, ihn zum Tierarzt zu fahren. Teddy sollte ins Tierheim!
„Da hab ich ihn zu Franzi ins Nachbarhaus gebracht", sagt Lars.
„Sie liebt Tiere. Aber jetzt will ich Teddy zurückhaben!" Paul schlägt vor:
„Wir sagen deiner Mama, wie super du den Kaninchenstall
saubergemacht hast. Und dass du es bei Teddy in Zukunft
auch so zuverlässig machen wirst." Lars will es
seiner Mama selbst sagen. „Hoffentlich darf Teddy
dann bleiben." Elsa gibt Lars ihre Telefonnummer.
Die LUPE-Kinder fahren zurück zu Elsa. Dort
bekommen sie einen Riesenschreck. Teddy ist weg!

? Wo ist Teddy?
Der Hamster
hat sich im Käfig
versteckt.
Das richtige Wort
findest du dreimal
im Hamsterrad.

☒ Tunnel ☐ Treppe
6a 6b

© Westermann Gruppe

Mein Stickerbogen

TEAM
LUPE
ERMITTELT

TEAM LUPE

FALL GELÖST!

Super Detektivin

SUPER DETEKTIV

WICHTIG!

STRENG GEHEIM

SPÜRNASE

SCHLAU KOPF

Illustrationen: Michael Stapper

Bearbeite so alle 6 Kapitel im Heft.
Am Ende hast du dann 6 Hinweis-Sticker in der Fallakte gesammelt.

3 # Die Fallakte

Die Fallakte:

1
2
3
4
5
6

1 2 3 4 5 6

Juhu!

Auf dieser Seite sammelst du
die 6 richtigen Hinweis-Sticker.

Auf jedem Sticker findest du einen Buchstaben.
Die Buchstaben ergeben das Passwort.
Trage jeden Buchstaben
in das passende Kästchen ein.

Hinweis 1 =
Buchstabe 1   →   1

Außerdem kannst du in der Fallakte
das Ende des Falls lesen.

FALL GELÖST!

Brauchst du dabei Hilfe?
Frage einen Erwachsenen.

4 Gehe im Internet auf diese Seite:

www.team-lupe-ermittelt.de/hamster

Gib nun das Passwort ein.

Hast du das richtige Passwort eingegeben?
Dann wartet eine kleine Überraschung auf dich.

Passwort für den Fall:

1 2 3 4 5 6

Illustrationen: Michael Stapper

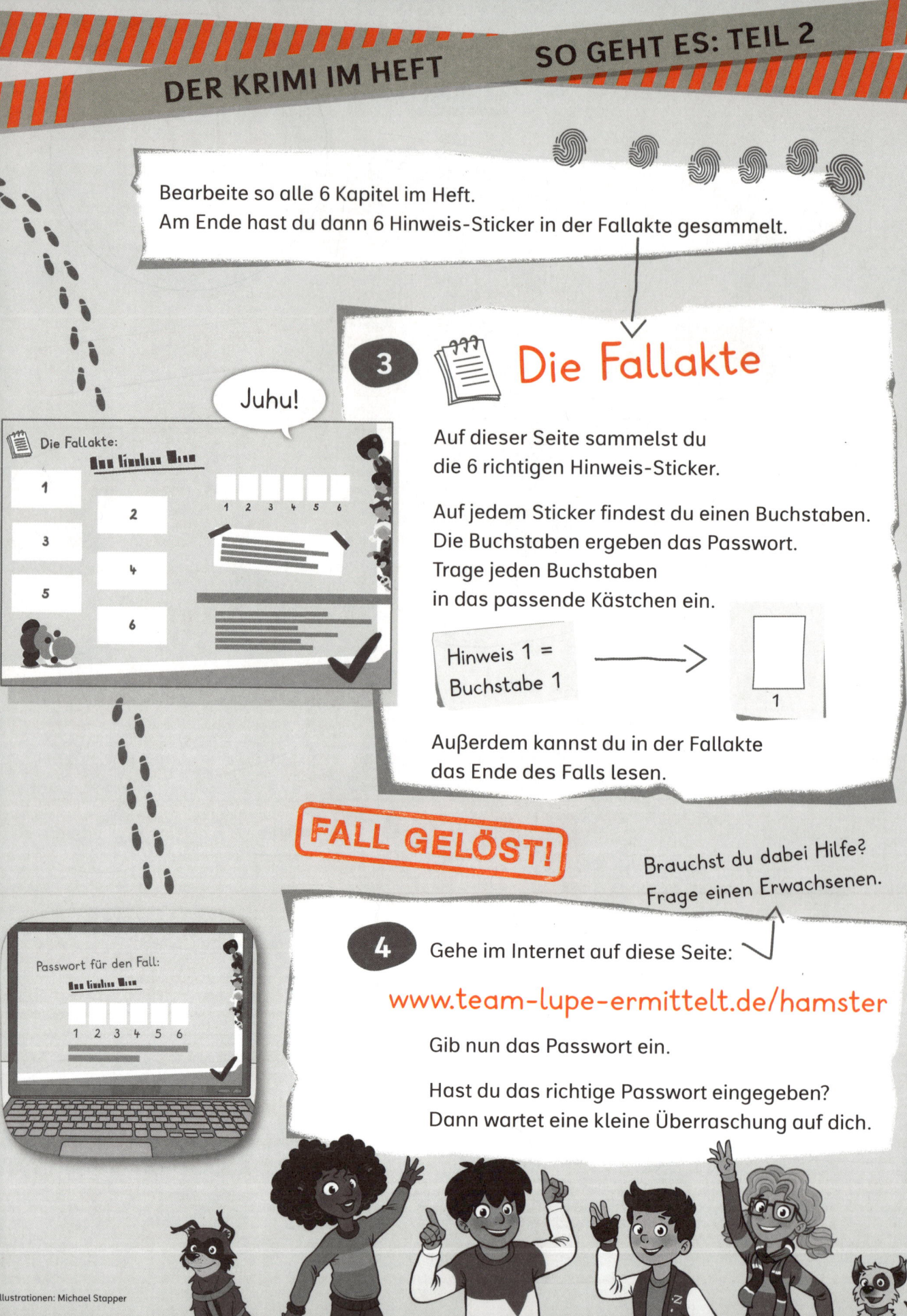

Spurensicherung: Der 3. Hinweis!

Lulu und die anderen gehen leise aus dem Zimmer. Dann fahren sie mit Uno in die Löwenstraße. Umut drückt nacheinander auf drei Klingeln. Es summt, und Paul ist zuerst im Flur. „Gibt es hier tierliebe Nachbarn?", fragt er einen Mann im Erdgeschoss. Der schüttelt den Kopf. Paul saust zum Aufzug. Im ersten Stock treffen die Detektive ein Mädchen. Sie flüstert: „Ich habe gehört, was ihr Herrn Behrens gefragt habt. Bei mir wurde gestern ein Hamsterkäfig vor der Tür abgestellt." Das Mädchen heißt Franzi. Sie hat neben dem Käfig eine Futterschachtel und einen Zettel gefunden. „Teddy liebt Körner", stand darauf. Uno spitzt die Ohren, und Elsa fragt nach dem Zettel und der Schachtel. Leider hat Franzi den Zettel weggeworfen. Die Schachtel hat sie ausgeleert und zerrissen. Sie liegt im Altpapier.

? TEAM LUPE puzzelt die Teile wieder zusammen. Welches Teil fehlt noch?

① ② ③

3a	☐ Teil 3	3b	☐ Teil 2

Jugend Zentrum **r**

Spiele Wemann **s**

ALT   LÄUFT   TRAUM   HERRLICH   RUFST   TIER   SPRINGT

Verb-probe:

Das Wort muss sich verändern, wenn du
verschieden Personen davorsetzt.
Probiere es mit ich, du und er.
ich rufe, du rufst, er ruft

1 Mache die Verbprobe. Kreise 6 Verben ein.

RUFST	ALT	TRAUM	LÄUFT	HERRLICH	SIEHT	TIER
ÄRGER	HAT	MERKT	HEIZUNG	FEUCHT	LÜGST	HIMMEL

2 Schreibe die Verben in der **wir-Form** und der **du-Form** auf.

ruft: wir rufen, du rufst   läuft: wir

sieht: wir   hat: wir haben,

merkt: wir   lügt: wir

Die Grundform
ist wie die wir-Form.

Grundform

wir-Form

3 Schreibe die Grundform
der Verben auf.

singen _____ – sie singt   _____ – er hält

_____ – ihr springt   _____ – du willst

_____ – ich schlafe   _____ – es geht

› Funktion von Verben erkennen
› Verben verwenden
› grundlegende sprachliche Begriffe kennen: Personalform

Verben in Präsens und Präteritum verwenden

> **Präsens**   **Präteritum**
> ich sage   ich sagte
> du gehst   du gingst

Bei den unregelmäßigen Verben verändert sich der Wortstamm.

 **1**   Schreibe die Grundform auf.

~~lügen~~   gehen   kommen   biegen   trinken   sein   geschehen   fließen

er log   – lügen _____   sie bog   – _____

ihr gingt   – _____   es geschah – _____

du kamst – _____   wir tranken – _____

es floss   – _____   du warst   – _____

 **2**   Schreibe im Präteritum auf.

warst   rannte   schliefen   schob   lief   sah   saß   brannte

sein   – du warst _____   rennen   – er _____

sitzen – sie _____   brennen – es _____

sehen – ich _____   schlafen – wir _____

laufen – ihr _____   schieben – sie _____

› Funktion von Zeitformen kennen und anwenden
› Verben verwenden
› grundlegende sprachliche Begriffe kennen: Präsens, Präteritum

35

Präsens	Präteritum	Perfekt
ich gehe	ich ging	ich **bin** gegangen
ich lese	ich las	ich **habe** gelesen

Es gibt mehrere **Vergangenheits-formen.**

Das **Präteritum** benutzt man in **Texten.** Das **Perfekt** benutzt man beim **Sprechen.**

Man braucht immer eine Form vom Hilfsverb **haben** oder **sein**. Verben, die eine Fortbewegung ausdrücken, werden mit dem **Hilfsverb sein** gebildet.

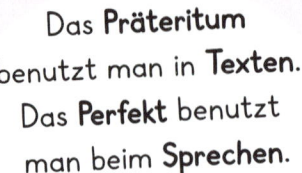

Wie wird das Perfekt gebildet? Das habe ich noch nicht genau verstanden.

1 Ergänze die Tabelle. Markiere.

Präsens	Präteritum	Perfekt
ich gehe	ich ging	ich **bin** gegangen
du gehst	du	du **bist** gegangen
er	er	er ist
wir	wir	wir sind
ihr	ihr	ihr seid
sie	sie	sie sind

ich lese	ich las	ich **habe** gelesen
du liest	du last	du **hast**
er	er	er hat
wir	wir	wir haben
ihr	ihr	ihr habt
sie	sie	sie haben

› Funktion von Zeitformen kennen und anwenden
› Verben verwenden
› grundlegende sprachliche Begriffe kennen: Perfekt

Das haben wir
herausgefunden!

Präteritum verwendet man oft, wenn man einen **Text** über Vergangenes **schreibt**.
Perfekt benutzt man oft, wenn man über Vergangenes **spricht**.

Ich lief nach Hause. Ich bin nach Hause gelaufen.

ACHTUNG · ACHTUNG · ACHTUNG

 **2** Markiere die Verben im Perfekt.

Wir **sind** zu spät zur Schule **gekommen**.

Unterwegs hat es einen Sturm gegeben.

Dabei sind viele Bäume umgestürzt.

Ich bin deshalb mit dem Rollstuhl einen Umweg gefahren.

 3 Schreibe den Bericht der Detektive als Text im Präteritum auf.

kamen	gab	stürzten um	fuhr

Wir kamen

 **4** Markiere die Verben im Präteritum.

› Funktion von Zeitformen kennen und anwenden
› Verben verwenden
› grundlegende sprachliche Begriffe kennen: Perfekt

37

Kommt, wir machen einen Ausflug.

Nehmt die Regenjacken mit. Es **wird** bald **regnen**.

Vermutungen und **Vorhersagen** drückt man mit der **Zeitform Futur** aus. Futur wird mit der Personalform von **werden** und einem **Verb in der Grundform** gebildet.

Paul, bist du Hellseher?

Futur

 **1** Markiere die Personalformen von werden und das Verb in der Grundform.

 Ich **werde** meine Regenjacke **mitnehmen**.

Du wirst deine Regenjacke mitnehmen.

Er wird seine Regenjacke mitnehmen.

Wir werden unsere Regenjacken mitnehmen.

Ihr werdet eure Regenjacken mitnehmen.

Sie werden ihre Regenjacken mitnehmen.

 **2** Ergänze die Personalform von werden. Markiere.

 Die Detektive **werden** ein Museum **besuchen**.

 Der Eintritt wird 5 € pro Person kosten.

Sie _____ an einem Workshop teilnehmen.

Eine Museumspädagogin _____ sie anleiten.

Jeder _____ sein Produkt nach Hause mitnehmen.

› Funktionen von Zeitformen kennen und anwenden
› Verben verwenden
› grundlegende sprachliche Begriffe kennen: Futur

Das haben wir herausgefunden!

Vermutungen und Vorhersagen werden oft in der Zeitform **Futur** ausgedrückt. Futur wird mit der Personalform von **werden** und einem **weiteren Verb in der Grundform** gebildet.

Wenn ich älter bin, **werde** ich in einer Band singen.

ACHTUNG   ACHTUNG   ACHTUNG

3 Lies. Die Detektive haben sich viel vorgenommen.

- Alle Detektive: in Ruhe ausschlafen
- Umut: laut Musik hören
- Elsa: im Bett kuscheln und lesen
- Lulu: am Nachmittag Waffeln backen
- Paul: mit den Hunden in den Park gehen
- Murmel und Uno: im Park toben und rennen

4 Schreibe Sätze in der Zeitform Futur.

Alle Detektive werden in Ruhe ausschlafen.

Umut

Elsa

Lulu

Paul

Murmel und Uno

5 Markiere.

› Funktionen von Zeitformen kennen und anwenden
› Verben verwenden
› grundlegende sprachliche Begriffe kennen: Futur

39

Verben in unterschiedlichen Zeiten verwenden

Es **hat** vor einer Stunde **geregnet**.

Es **wird** bald **regnen**.

Es **regnet**.

Es **regnete**.

Perfekt

Futur

Präsens

Präteritum

1 Verbinde die Sätze mit der richtigen Zeitform.

Ich komme. ○ — ○ Perfekt

Ich bin gekommen. ○ ○ Präteritum

Ich werde kommen. ○ ○ Präsens

Ich kam. ○ ○ Futur

2 Ergänze die richtige Zeitform.

| aß | wird essen | hat gegessen | isst |

Präsens: Umut _____ Waffeln mit Sahne.

Präteritum: Umut _____ Waffeln mit Sahne.

Perfekt: Umut _____ Waffeln mit Sahne _____.

Futur: Umut _____ Waffeln mit Sahne _____.

› Funktionen von Zeitformen kennen und anwenden
› Verben verwenden
› Personalformen bilden

Achtung! In den Zeitformen Perfekt und Futur haben die Verben zwei Teile.

 **3** Markiere die Verben.

Lulu **erfindet** eine Lügengeschichte: ○   ○ Perfekt

„Mein Opa ist früher ein Bankräuber gewesen. ○   ○ Präsens

Er hat einen großen Schatz gesammelt. ○   ○ Perfekt

Seine Beute ist gut versteckt. ○   ○ Präteritum

Damals war er jung und ein wenig unvernünftig. ○   ○ Perfekt

Niemand erwischte ihn bei seinen Raubzügen. ○   ○ Futur

Irgendwann wird Opa mir seinen Schatz zeigen." ○   ○ Präteritum

„Lulu, ich schenke dir die Hälfte von allem." ○   ○ Präsens

„Ich bin sehr gespannt. ○   ○ Präsens

In Zukunft werde ich genauso reich sein,

wie mein Opa. ○   ○ Futur

Dann werde ich mir alles kaufen. ○   ○ Futur

Ich werde aber auch etwas abgeben." ○   ○ Futur

 **4** Verbinde mit der richtigen Zeitform.

› Funktionen von Zeitformen kennen und anwenden
› Verben verwenden
› Personalformen bilden

Detektivwissen überprüfen

1 Mache die Verbprobe und kreise 4 Verben ein.

BESSER   GIBT   PFIFF   LAUB   KURZ   TISCHTUCH
GLAUBST   BILLIG   FAHRRAD   GLÄNZEND   TRÄUMEN

2 Verbinde.

| er lief | er ist gelaufen | er läuft | er wird laufen |

| Präsens | Futur | Präteritum | Perfekt |

3 Schreibe das Verb **gehen** in der Futurform auf.

ich werde gehen   wir _____

_____   _____

_____   _____

4 Markiere die Verben.

Lulus Oma arbeitete schon als Kind gerne im Garten. ○   ○ Präsens

Sie band herrliche Blumensträuße mit Gartenblumen. ○   ○ Präteritum

Ich arbeite auch gerne im Garten. ○   ○ Futur

Ich werde später einmal Gärtnerin sein. ○   ○ Präteritum

Davon habe ich schon geträumt. ○   ○ Perfekt

5 Verbinde mit der richtigen Zeitform.

› Verben in Zeitformen kennen
› den eigenen Lernstand einschätzen

Spurensicherung: Der 4. Hinweis!

Auf der Futterschachtel ist der Sticker eines Jugendzentrums. Eine neue Spur! Uno schnuppert an der Schachtel. Inzwischen entschuldigt sich Franzi, dass sie den Käfig im Flur abgestellt hat. „Das Wartezimmer war voll, und ich musste zur Ballettstunde. Als ich zurückkam, war die Praxis schon zu, aber der Käfig stand nicht mehr im Flur. Das habe ich durch die Glasscheibe gesehen. Ich dachte, Dr. Grün hätte den Käfig gefunden." Franzi hat leider keinen Verdacht, wer ihr den Käfig vor die Tür gestellt haben könnte. TEAM LUPE fährt zum Jugendzentrum. Die Kinder legen im Garten ein Beet an. Auf der Wiese hoppelt ein Kaninchen, und ein Junge reinigt gerade den Kaninchenstall. „Seht nur, sein Arm!", flüstert Umut.

? Was ist auf dem Arm des Jungen zu sehen? Die letzten Buchstaben der Bilder verraten es dir.

☐ Pflaster
4a

☐ Tattoo
4b

Das Prädikat kennen

In diesem Aussagesatz gibt es ein zweiteiliges Prädikat.

| Die Detektive | | wollen | die Zeitung | lesen | . |
| Die Detektive | | lesen | die Zeitung | durch | . |

 **1** Markiere die beiden Prädikatsteile.

 Paul **will** auf dem Tablet ein Hörbuch **aussuchen**.

Im 1. Satz sind es 2 Verben, wollen und lesen.

Umut hat sein Abenteuerbuch gelesen.

Im 2. Satz ist es ein Verb mit Wortbauste[in]

Elsa blättert die Zeitung um.

lesen + durch – durchlesen.

Lulu wird einen neuen Comic kaufen.

 **2** Ergänze passende Prädikatsteile.

 Die Detektive _____ einen Fall _____.

Dafür _____ sie viele Leute _____.

Sie _____ alle Informationen genau _____.

Manchmal _____ sie Beweise auch zufällig _____.

Sie _____ auch schwierige Fälle _____.

ACHTUNG **ACHTUNG** **ACHTUNG**

Das haben wir herausgefunden!

In einem Aussagesatz ist die zweite Position (Reiseleitung) mit einem Verb (Prädikat) besetzt. Manchmal besteht das **Prädikat** aus **zwei Teilen.** Das können zwei Verben oder ein Verb und ein Wortbaustein sein.

Die Detektive **müssen** viele Fälle **lösen.**
Paul **schreibt** Informationen **auf.**

› Satzglieder kennenlernen: Prädikat
› Funktionen von Satzgliedern kennen und anwenden
› grundlegende sprachliche Begriffe kennen: Prädikat

Das haben wir herausgefunden!

Sätze bestehen aus **Satzgliedern**. Satzglieder können einzelne Wörter oder Wortgruppen sein. Sie bleiben beim Voranstellen immer zusammen (Busprobe). Wenn das Verb am Anfang steht, ist der Satz ein **Fragesatz**.

Brauchen die Detektive weitere Informationen?

ACHTUNG ACHTUNG ACHTUNG

1 Markiere, was vor dem Prädikat steht.

lösen

Die Detektive lösen oft spannende Fälle.

Oft lösen die Detektive spannende Fälle.

Spannende Fälle lösen die Detektive oft.

2 Kreise die Prädikate rot ein.

Die Detektive / warten / immer   auf einen neuen Fall.

Gemeinsam planen sie ihre Einsätze.

Murmel und Uno helfen mit ihren Spürnasen.

Bei den Einsätzen hat jeder Detektiv eine eigene Aufgabe.

Lulu notiert alle Ermittlungsergebnisse im Detektivtagebuch.

Erschnüffelt Murmel eine neue Spur?

3 Trenne die Satzglieder durch Striche.

Die Busprobe kann dir helfen!

Bei einigen Sätzen fehlt noch etwas!

> Die Detektive ermitteln.
> Schnell ermitteln.
> Heute ermitteln.

Nur der erste Satz ist verständlich.

ACHTUNG   ACHTUNG   ACHTUNG

Das haben wir herausgefunden!

Das **Prädikat** kann nicht allein stehen.
Damit man den Satz verstehen kann, braucht es immer ein weiteres Satzglied. Dieses ist das **Subjekt**.
Das Subjekt und das Prädikat **passen** immer **zusammen**.

Elsa liest. Umut, Paul und Lulu lesen.

1 Verbinde das Prädikat mit dem passenden Subjekt.

Paul ○	○ fotografiere.
Lulu und Elsa ○	○ fotografiert.
Du ○	○ fotografieren.
Ich ○	○ fotografierst.

2 Kreise das Prädikat rot ein.
Unterstreiche dann das Subjekt.

Murmel und Uno (toben).   Die Detektive warten.   Ich fahre.

Die Hunde fressen.   Du kommst.   Wir essen.

Uno bellt.   Alle lachen.   Ihr spielt.

46
› Satzglieder kennenlernen: Subjekt
› Funktion von Satzgliedern kennen und anwenden
› grundlegende sprachliche Begriffe kennen: Subjekt

Subjekt und Prädikat kennen

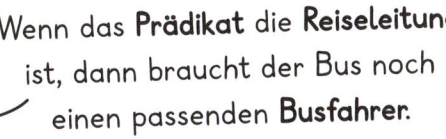

Wenn das **Prädikat** die **Reiseleitung** ist, dann braucht der Bus noch einen passenden **Busfahrer.**

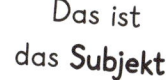

Das ist das **Subjekt.**

1 Wende die Busprobe an.
Markiere zuerst das (Prädikat) und danach das S̲u̲b̲j̲e̲k̲t̲.

Die Detektive / (faulenzen) / am Wochenende.

Sie / sitzen / in aller Ruhe / den ganzen Tag / im Garten.

Die Hunde / verfolgen / im Gras / eine Hasenspur.

Sie / essen / am Nachmittag / Waffeln mit Kirschen.

Am Montag / lesen / die Detektive / von einem neuen Fall.

Zur Besprechung / im Hauptquartier / kommen / alle / um 15.00 Uhr.

Sie / sitzen / in der gemütlichen Sofaecke.

Paul / verteilt / verschiedene Aufgaben.

Umut und Elsa / untersuchen / Fingerabdrücke / auf einer Fensterscheibe.

Im Detektivtagebuch / notiert / Lulu / alle wichtigen Informationen.

Paul / verfolgt / mit den Hunden / eine Spur.

2 Streiche alle anderen Satzglieder durch.

› Funktion von Satzgliedern kennen und anwenden
› sprachliche Operationen verwenden:
› Ergänzen, Weglassen, Vorfeldprobe

47

Da fehlt doch etwas.

Einige Prädikate brauchen neben dem Subjekt weitere Satzglieder.

| Murmel | findet | | . |
| Paul | holt | | . |

Diese Satzglieder heißen **Objekte**.

---

1 Unterstreiche die Objekte.

Murmel findet eine neue Spur.   Paul holt die Lupe.

---

2 Verbinde mit dem passenden Objekt.
Unterstreiche die Subjekte. Kreise die Prädikate rot ein.

 Die rote Leine gehört o   o einen Brief.

 Umut bekommt o   o seinen Kopfhörer.

Paul sucht o   o Murmel.

---

3 Ergänze die Objekte.

 Umut schießt _____ .

 Uno findet _____ .

 Elsa bekommt _____ .

ACHTUNG ACHTUNG ACHTUNG

Das haben wir herausgefunden!

Einige Satzglieder brauchen neben dem Subjekt weitere **Satzglieder**. Diese Satzglieder heißen **Objekte**.

Die Hunde kauen auf Knochen.

› Satzglieder kennenlernen: Objekt
› Funktion von Satzgliedern kennen und anwenden
› grundlegende sprachliche Begriffe kennen: Objekt

 1 Ordne die passenden Objekte zu.

Paul trifft ○   ○ ihren Onkel.

Lulu besucht ○   ○ seinen Tischtennispartner.

Murmel und Uno beobachten ○   ○ einen neuen Füller.

Umut braucht ○   ○ eine Katze.

 **2** Schreibe die Sätze auf.

Paul (trifft) seinen Tischtennispartner.

_____

_____

_____

 **3** Markiere alle Satzglieder.

Paul (leiht) Lulu ein Buch.

Es gibt Prädikate, die mehrere Objekte brauchen.

Elsa (leiht) Lulu eine Spange.   Paul schickt Umut ein Paket.

Elsa gibt Uno Wasser.   Umut bringt den Hunden Futter.

 **4** Markiere alle Satzglieder.

› Funktion von Satzgliedern kennen und anwenden
› sprachliche Operationen verwenden.
› Ergänzen, Weglassen, Vorfeldprobe

49

Satzglieder kennenlernen: genauere Bestimmungen

Das haben wir herausgefunden!

Einige Satzglieder geben **zusätzliche Informationen**. Sie sind **genauere Bestimmungen**. Man kann sie weglassen und der Satz bleibt trotzdem verständlich.

Viele Vögel (fliegen) im Winter in den Süden.
Viele Vögel (fliegen) in den Süden.
Viele Vögel (fliegen).

ACHTUNG ACHTUNG ACHTUNG

 **1** Unterstreiche in den Sätzen die zusätzlichen Informationen.

 Die Detektive / (schlafen) / heute / im Hauptquartier.

Sie / (lesen) / stundenlang / im Detektivtagebuch.

Die Hunde / (liegen) / die ganze Zeit / auf dem Sofa.

 **2** Schreibe immer kürzer.

 Die Detektive / (bleiben) / heute / im Hauptquartier.

Die Detektive / (bleiben) / heute.

Die Detektive / (bleiben) /.

Sie | (lesen) | stundenlang | im Detektivtagebuch.

_____

_____

Die Hunde | (liegen) | die ganze Zeit | auf dem Sofa.

_____

_____

› Satzglieder kennenlernen: adverbiale Bestimmungen
› Funktion von Satzgliedern kennen und anwenden
› grundlegende sprachliche Begriffe kennen: Bestimmungen

1 Markiere das Prädikat.
Unterstreiche das Subjekt.

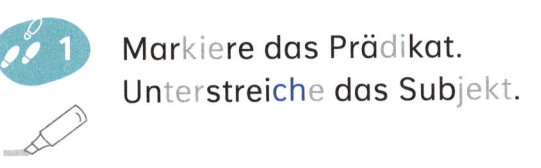

Die Detektive / lesen / im Detektivschuppen / die Zeitung.

In der Zeitung / finden / sie / ein interessantes Bild.

Irgendjemand / entwendete / einen wertvollen Pokal / im Vereinsheim.

Sie / vergrößern / das Bild / am Computer.

Im Hintergrund / sieht / man / eine zerbrochene Fensterscheibe.

Im Zimmer / liegen / keine Glasscherben.

Die Detektive / haben / einen neuen Fall.

2 Unterstreiche in den Sätzen die zusätzlichen Informationen.

3 Ergänze Satzglieder.

Elsa spielt.

Elsa spielt _____.

Elsa spielt _____ _____.

Lulu liest.

Lulu liest _____.

Lulu liest _____ _____.

› Funktion von Satzgliedern kennen und anwenden
› sprachliche Operationen verwenden:
› Ergänzen, weglassen, Vorfeldprobe

51

Detektivwissen überprüfen

 **1** Kreise die (Prädikatteile) ein.

 Lulu hat Lebensmittel eingekauft.

Sie will heute Pasta kochen.

Zuerst liest Lulu das Rezept durch.

Dann fängt sie an.

 **2** Unterstreiche die Subjekte.

 Umut fährt mit dem Roller zu Paul.

Paul sitzt im Garten.

Gemeinsam fahren die Detektive zum Detektivschuppen.

Elsa und Lulu sind schon da.

 **3** Ergänze passende Objekte.

 Paul hört _____.

Umut findet _____.

 **4** Markiere die zusätzlichen Informationen.

Am Montag / sind / die Detektive / auf dem Sportplatz.

Dort / trainieren / sie / einmal die Woche.

Manchmal / entdecken / die Detektive / einen Fall / in der Zeitung.

Seit einiger Zeit / lesen / sie / die Zeitung / auf dem Tablet.

Oft / ruft / ein Kunde / mit einem Handy / an.

› eigenen Lernstand einschätzen

Spurensicherung: Der 5. Hinweis!

„Hi!", sagt Paul zu dem Jungen. „Ich bin Paul. Das Tattoo auf deinem Arm ist cool." Der Junge wird rot. „Danke", sagt er. „Ich bin Lars." Elsa lächelt. „Dein Hamster heißt Teddy, oder? Wir haben ihn gefunden. Es geht ihm gut." „Echt? Ich hab mir so Sorgen um ihn gemacht!" Lars strahlt. Er will mit den Kindern reden, aber nicht im Jugendzentrum. „Kommt mit!", zischt er und läuft los. „He, nicht so schnell!", ruft Umut. Dann stürmt er mit seinen Freunden hinterher. Lars läuft über eine Wiese auf einen kleinen Wald zu. Plötzlich ist er verschwunden. „Ich bin hier!", hören sie Lars jetzt rufen.

Hey, nicht so schnell!

? Wo ist Lars hingelaufen? Spure die Wege des Labyrinths nach.

☐ Holzturm
5a   **p**

☐ Baumhaus
5b   **e**

Es gibt drei **Satzarten** und drei **Satzschlusszeichen**.

Aussagesatz → .
Fragesatz → ?
Ausruf → !

 **1** Verbinde die Sätze mit dem richtigen Zeichen.

Aussagesatz o ——— o Oh je / Halt an o   o | . |

Fragesatz o   o Ich komme gleich o ——— o | ? |

Ausruf / Aufforderungssatz o   o Kommst du o   o | ! |

 **2** Ergänze das passende Satzschlusszeichen: | ? ! . |

Die Detektive sind in ihrem letzten Grundschuljahr ___

Sie wollen in die gleiche, weiterführende Schule wechseln ___

Ob sie wohl in eine Klasse kommen ___ Hoffentlich klappt das ___

Lulu macht sich darüber Sorgen ___ Was mache ich nur ohne euch ___

Keine Sorge Elsa ___ Wir schreiben der Direktorin einen Brief ___

Uns gibt es nur im Quartett ___

 **3** Unterstreiche: offene Frage / geschlossene Frage.

<u>Kommst du mit?</u>   Wie spät ist es?

Hast du Kleingeld?   Wo bist du?

Hast du Hunger?   Wann kommst du?

Wohin fährst du?   Willst du mitmachen?

Warum rufst du an?   Holst du mich ab?

Auf geschlossene Fragen kann man nur mit **ja** oder **nein** antworten.

› unterschiedliche Satzarten kennen
› Satzzeichen setzen
› grundlegende sprachliche Begriffe kennen: Satzarten

Das haben wir herausgefunden!
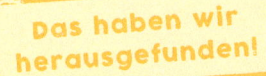

Merkmale der wörtlichen Rede

Wenn jemand in einem Text spricht, nennt man das **wörtliche Rede**. Vor der wörtlichen Rede steht oft ein **Begleitsatz**, der ausdrückt, wer spricht und wie er es tut. Er endet mit einem **Doppelpunkt**. Die wörtliche Rede steht in **Anführungszeichen**.

Die Lehrerin sagt:
„Wir schreiben Artikel für unsere Zeitung."

ACHTUNG   ACHTUNG   ACHTUNG

1 Unterstreiche: Begleitsatz und wörtliche Rede.
Kreise ein: Doppelpunkt und Anführungszeichen.

 Lulu sagt: „Ich finde meine Grundschullehrerin total nett."

 Umut meint traurig : „Ja, ich werde sie auch sehr vermissen."

 Elsa ergänzt : „Kommt, wir schreiben der Direktorin!"

 Paul fragt : „Weiß jemand von euch, wie sie heißt?"

 Lulu weiß : „Sie heißt Frau Körner."

 Umut will wissen : „Schreiben wir mit der Hand oder mit dem PC?"

 Paul entgegnet : „Elsa soll mit der Hand schreiben."

 Umut meint : „Gute Idee!"

 Lulu lobt : „Elsa, du hast die schönste Schrift."

Umut entscheidet : „Aber wir alle unterschreiben den Brief!"

› Satzzeichen setzen: Zeichen der wörtlichen Rede
› unterschiedliche Satzarten kennen
› grundlegende sprachliche Begriffe kennen: wörtliche Rede

55

Wörtliche Rede mit nachgestelltem Begleitsatz kennenlernen

Umut schlägt vor:
„Elsa soll mit der Hand schreiben."
„Elsa soll mit der Hand schreiben",
schlägt Umut vor.

Der Begleitsatz kann vor oder hinter der wörtlichen Rede stehen.

ACHTUNG · ACHTUNG · ACHTUNG

Das haben wir herausgefunden!

Merkmale der wörtlichen Rede
Manchmal steht der **Begleitsatz** hinter der wörtlichen Rede.
Er wird mit einem **Komma** abgetrennt und endet
mit einem Punkt:

„Oh, nein!", ruft Sara. „Was ist passiert?", fragt Finn.

Wenn in der wörtlichen Rede ein Aussagesatz steht,
fällt der Punkt weg:

„Mein Bleistift ist abgebrochen", erklärt Sara.

---

1 Lies.

 Unterstreiche: Begleitsatz und wörtliche Rede.

 Kreise ein: Komma und Anführungszeichen.

 Die Sekretärin sagt: „Frau Körner, hier ist ein Brief für Sie angekommen."

 „Da hat aber jemand eine sehr schöne Handschrift", entgegnet Frau

Körner. „Interessant!", murmelt Frau Körner vor sich hin.

Sie sagt zur Sekretärin: „Da schreiben mir zukünftige

Schülerinnen und Schüler unserer Schule."

„Sie nennen sich Team Lupe und bitten darum,

gemeinsam in eine Klasse zu kommen",

berichtet Frau Körner.

56 › Satzzeichen setzen: Zeichen der wörtlichen Rede
› unterschiedliche Satzarten kennen
› grundlegende sprachliche Begriffe kennen: wörtliche Rede

1 Lies.
Unterstreiche: Begleitsatz und wörtliche Rede.

„Was werden Sie tun, Frau Körner?", fragt die Sekretärin.

„Ich werde die vier Kinder zu einem Gespräch einladen",

antwortet Frau Körner.

„Mir gefällt gut, dass sie sich selbst vertreten", ergänzt sie.

„Ich möchte sie unbedingt kennenlernen", überlegt Frau Körner.

„Soll ich eine Antwort schreiben?", fragt die Sekretärin.

„Ja, bitte Frau Schmidt", antwortet die Schulleiterin.

„Laden Sie Team Lupe für nächsten Donnerstag,

um 15.00 Uhr in mein Büro ein", sagt Frau Körner.

„Ja, gerne, Frau Körner", antwortet die Sekretärin.

2 Setze die Zeichen der wörtlichen Rede und die Satzzeichen ein.
Unterstreiche: Begleitsatz und wörtliche Rede.

☐Da werden die vier Kinder aber wohl staunen☐ ☐ sagt die Sekretärin☐

Sie ergänzt☐ ☐Ich mache mich sofort an die Arbeit☐ ☐

› Satzzeichen setzen: Zeichen der wörtlichen Rede
› unterschiedliche Satzarten kennen
› grundlegende sprachliche Begriffe kennen: wörtliche Rede

57

vorangestellter Begleitsatz

① Begleitsatz : „   Aussagesatz   . "
② Begleitsatz : „   Fragesatz   ? "
③ Begleitsatz : „   Ausruf/Aufforderung   ! "

nachgestellter Begleitsatz

④ „   Aussagesatz   ", Begleitsatz .
⑤ „   Fragesatz ?   ", Begleitsatz .
⑥ „   Ausruf/Aufforderung !   ", Begleitsatz .

1 Lies das Plakat.
Welcher Satz passt zu welcher Nummer des Plakats?

Trage die Nummern ein.

◯ Elsa sagt: „Wir haben eine Antwort von der Direktorin."

◯ „Wow, toll!", ruft Umut.

◯ „Was schreibt sie?", will Lulu wissen.

◯ Paul ruft: „Oh, ich bin so aufgeregt!"

◯ „Moment, ich muss den Brief erst öffnen", erklärt Elsa.

◯ Elsa jubelt: „Hurra, sie lädt uns zu einem Gespräch ein!"

◯ Umut staunt: „Ui, das ist ja schon am Donnerstag!"

◯ Lulu ergänzt: „Wir sollten uns über die Schule informieren."

› Satzzeichen setzen: Zeichen der wörtlichen Rede
› unterschiedliche Satzarten kennen
› grundlegende sprachliche Begriffe kennen: wörtliche Rede

 **2** Setze die Zeichen der wörtlichen Rede und die Satzzeichen ein.
Unterstreiche: <u>Begleitsatz</u> und <u>wörtliche Rede</u>.

Elsa sagt ☐☐ Wir müssen uns gute Gründe überlegen,

warum wir unbedingt zusammenbleiben wollen ☐☐

Paul meint ☐☐ Ja, lasst und eine Liste anlegen ☐☐

☐ Vielleicht können wir der Direktorin die Liste geben ☐☐☐ überlegt er ☐

Umut fragt ☐☐ Können wir die Hunde mit zum Gespräch nehmen ☐☐

Lulu erwidert ☐☐ Nein Umut, auf keinen Fall ☐☐

☐ Wir wollen einen sehr guten Eindruck hinterlassen ☐☐ ergänzt sie ☐

Paul findet ☐☐ Deshalb müssen wir uns gut vorbereiten ☐☐

Umut fordert auf ☐☐ Also, los ☐☐

☐ Ich notiere alles ☐☐ sagt Elsa ☐

› Satzzeichen setzen: Zeichen der wörtlichen Rede
› unterschiedliche Satzarten kennen
› grundlegende sprachliche Begriffe kennen: wörtliche Rede

59

Detektivwissen überprüfen

 **1** Ergänze das passende Satzschlusszeichen: **? ! .**

 Die Direktorin lädt die Detektive zu einem Gespräch ein ___

Wo ist das Büro der Direktorin ___

Oh, mir zittern vor Aufregung die Knie ___

 **2** Unterstreiche: offene Frage / geschlossene Frage.

 Gehst du heute zum Sport?   Wo gehst du hin?

Warum meldest du dich nicht?   Hast du das gehört?

 **3** Unterstreiche: Begleitsatz und wörtliche Rede.
Kreise ein: Doppelpunkt, Komma und Anführungszeichen.

 Die Direktorin grüßt: „Hallo, das seid ihr ja."

„Vielen Dank für die Einladung, Frau Körner", sagt Paul.

Elsa meint: „Zuerst stellen wir uns einmal vor."

„Ich heiße Elsa", ergänzt sie.

„Mein Name ist Paul", stellt sich Paul vor.

Umut sagt: „Ich heiße Umut."

„Und ich bin Lulu", sagt Lulu etwas schüchtern.

„Ihr seid also Team LUPE, schön euch kennenzulernen",

antwortet Frau Körner.

› sinnentnehmend lesen
› Erfahrungen austauschen
› eine Geschichte weiterschreiben

# Spurensicherung: Der 6. Hinweis!

Elsa ruft Lars im Baumhaus zu: „Warum hast du Teddy ausgesetzt?"
Lars erzählt. Er hat Teddy zum Geburtstag bekommen. Am Anfang
hat er den Käfig gereinigt, dann musste seine Mama das übernehmen.
Als der Hamster sich auch noch erkältete, wurde sie wütend. Sie hatte
keine Zeit, ihn zum Tierarzt zu fahren. Teddy sollte ins Tierheim!
„Da hab ich ihn zu Franzi ins Nachbarhaus gebracht", sagt Lars.
„Sie liebt Tiere. Aber jetzt will ich Teddy zurückhaben!" Paul schlägt vor:
„Wir sagen deiner Mama, wie super du den Kaninchenstall
saubergemacht hast. Und dass du es bei Teddy in Zukunft
auch so zuverlässig machen wirst." Lars will es
seiner Mama selbst sagen. „Hoffentlich darf Teddy
dann bleiben." Elsa gibt Lars ihre Telefonnummer.
Die LUPE-Kinder fahren zurück zu Elsa. Dort
bekommen sie einen Riesenschreck. Teddy ist weg!

? Wo ist Teddy?
Der Hamster
hat sich im Käfig
versteckt.
Das richtige Wort
findest du dreimal
im Hamsterrad.

☐ **Tunnel**
6a

☐ **Treppe**
6b

📝 Die Fallakte: Hamster <u>in Not</u>

Hinweis 1

In die weißen Felder kommen deine Hinweis-Sticker.

1

Hinweis 2

2

Hinweis 3

3

Hinweis 4

4

Hinweis 5

5

Hinweis 6

6

Jetzt fehlt dir nur noch ein PASSWORT.
Trage aus jedem Sticker den Buchstaben
in das passende Kästchen ein.

TEAM LUPE darf Teddy nun öfter besuchen.
Sie bringen dem Hamster sein Lieblingsobst mit:

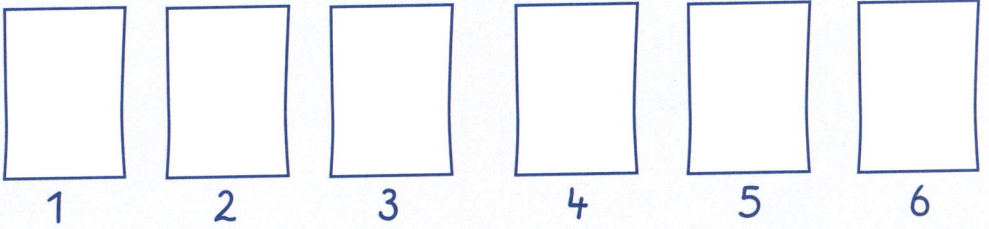

| 1 | 2 | 3 | 4 | 5 | 6 |

Glückwunsch!
Gemeinsam mit TEAM LUPE hast du den Fall gelöst.
Das Wort ist dein PASSWORT für:
www.passwort-lupe.de/hamster

Brauchst du dabei Hilfe?
Frage einen Erwachsenen.

ACHTUNG: DAS ENDE DES FALLS   **ACHTUNG: DAS ENDE DES FALLS**

Teddy hat sich im Tunnel versteckt! Jetzt lugt seine
Nasenspitze heraus. Da ruft Lars an und erzählt:
„Ich darf Teddy behalten! Meine Mama hat sich sogar
entschuldigt, sie wollte Teddy gar nicht weggeben.
Sie war nur so enttäuscht, weil ich mich nicht mehr
um den Käfig gekümmert habe. Bringt ihr bitte Teddy
zurück?" Lars nennt seine Adresse. Elsas Mama hilft
den Kindern. Mit dem Auto fahren sie Teddy zu Lars.
Der Hamster wacht auf, rennt im Käfig herum und
freut sich, wieder bei seinem Herrchen zu sein.
Lars nimmt Teddy auf den Arm, streichelt ihn und
setzt ihn zurück in den Käfig. Teddy springt ins Laufrad
und strampelt fröhlich los.

FALL GELÖST!

Viele Grüße!
Dein TEAM LUPE

RECHTE UND IMPRESSUM

westermann GRUPPE

© 2023 Westermann Bildungsmedien Verlag GmbH, Georg-Westermann-Allee 66, 38104 Braunschweig
www.westermann.de

Das Werk und seine Teile sind urheberrechtlich geschützt. Jede Nutzung in anderen als den gesetzlich zugelassenen bzw. vertraglich zugestandenen Fällen bedarf der vorherigen schriftlichen Einwilligung des Verlages. Nähere Informationen zur vertraglich gestatteten Anzahl von Kopien finden Sie auf www.schulbuchkopie.de.
Für Verweise (Links) auf Internet-Adressen gilt folgender Haftungshinweis: Trotz sorgfältiger inhaltlicher Kontrolle wird die Haftung für die Inhalte der externen Seiten ausgeschlossen. Für den Inhalt dieser externen Seiten sind ausschließlich deren Betreiber verantwortlich. Sollten Sie daher auf kostenpflichtige, illegale oder anstößige Inhalte treffen, so bedauern wir dies ausdrücklich und bitten Sie, uns umgehend per E-Mail davon in Kenntnis zu setzen, damit beim Nachdruck der Verweis gelöscht wird.

Druck A[1] / Jahr 2023
Alle Drucke der Serie A sind im Unterricht parallel verwendbar.

Redaktion: Birte Leffler
Krimigeschichte: Henriette Wich
Illustrationen: Michael Stapper, Matthias Berghahn, Cesare Asaro, Zapf, Iris Blanck
Umschlaggestaltung: Stephanie Schober, mit Illustrationen von Michael Stapper
Layout: PER Medien, Braunschweig
Druck und Bindung: Westermann Druck GmbH,
Georg-Westermann-Allee 66, 38104 Braunschweig

ISBN 978-3-14-**141491**-2

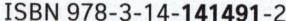